JN112386

ツレヅレハナコの

旨いもの閻魔帳

ツレヅレハナコ

熟食專櫃

社員・アルバイト募集
時給1300円~

はじめに

子供の頃から食べることが大好きで、
大人になり、自分で飲食店へ通うようになると、
「行きたい店 閻魔帳」という自作手帳を作りました。

小さな手帳に手書きでびっしり記したのは、
「次に行きたいお店」の店名と食べるべきメニュー。
テレビや雑誌で見たり、通りがかった店構えが気になったり。
ピンときたら、すぐさま閻魔帳にメモを取るのです。
あまりお金はなくても体力と好奇心だけは売るほどあって、
平日の仕事後に日帰りで神奈川まで食べにいくなんてのもざら。
店の訪問を達成すると、手帳の店名に満足げに○をつけました。

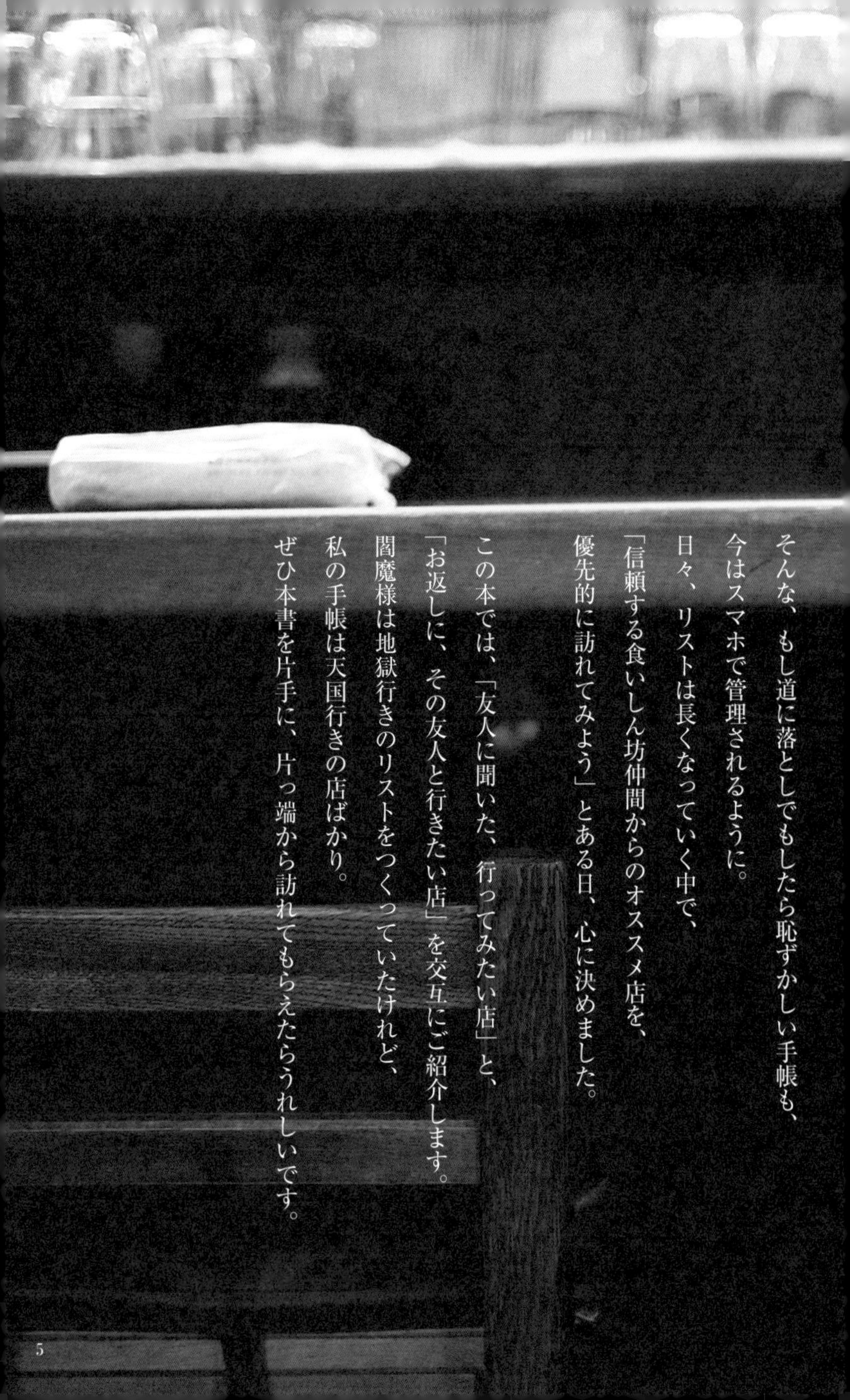

そんな、もし道に落としでもしたら恥ずかしい手帳も、
今はスマホで管理されるように。
日々、リストは長くなっていく中で、
「信頼する食いしん坊仲間からのオススメ店を、
優先的に訪れてみよう」とある日、心に決めました。

この本では、「友人に聞いた、行ってみたい店」と、
「お返しに、その友人と行きたい店」を交互にご紹介します。
閻魔様は地獄行きのリストをつくっていたけれど、
私の手帳は天国行きの店ばかり。
ぜひ本書を片手に、片っ端から訪れてもらえたらうれしいです。

＊各店の情報は取材当時のものです。営業時間や定休日、価格は変更の可能性があります。ホームページなどで最新情報をご確認のうえ、お出かけください。

さらさらの麻婆豆腐は辛味噌と自家製ラー油がベース。具はシンプルに豆腐と羊の塩茹でのみ

教えてくれた人

01 40代女性／外資系広告代理店勤務

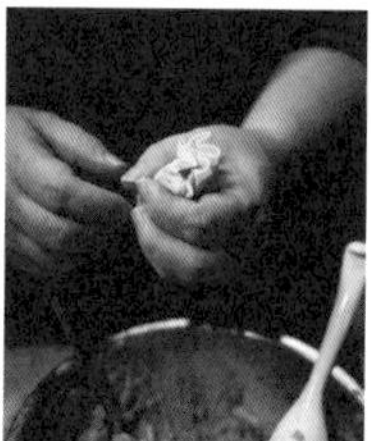

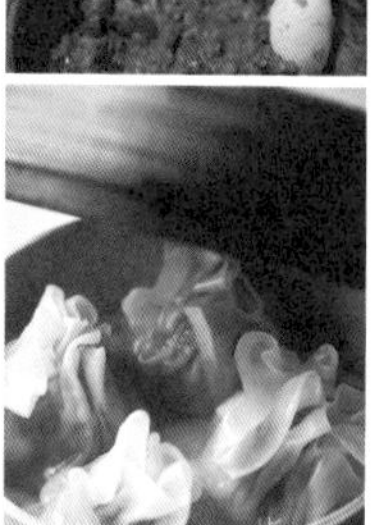

バオさんの愛が溢れるモンゴル版おふくろの味

モンゴリアン・チャイニーズ BAO

Data

住　所　港区新橋3-14-6
ＴＥＬ　03-6435-6660
営　業　17:00 ～23:30(フード22:00LO、ドリンク23:00LO)、
土曜17:00 ～22:00(フード20:30LO、ドリンク21:30LO)
定休日　日曜・祝日

来日して30年。最初は通訳をしていたというバオさん。吉祥寺にあった伝説のモンゴル料理店「スーホの白い馬」を経営していたことも。好きなものは「人間と酒」。料理を習ったことはなく、「気が向いたら、自分が好きなものを思い出して作る」

愛なの、愛。
世界中どこでも
お母さんの味が
一番おいしい

モンゴル料理といえば、何はともあれ羊の塩茹で。正直、肉がパサッとして、粗野なイメージしかなかった。「ただ塩で茹でてるだけでしょ?」と思っていたけれど、前言撤回。ここのは違った。骨から肉をむしり取り、ひと口食べた瞬間に「うんまーい!」。

「思ったほど柔らかくないでしょ?」

と店主のバオさんが言うように、ふわふわでもホクホクでもないけれど、この噛み応えがワイルドでたまらない。噛めば噛むほどあごの奥から肉の旨味が湧いてきて、塩加減も絶妙だな。なんだろ、このバランス。すごく品がいい。

「一番大事なのは火加減とタイミング、そして塩の量。みんなびっくりするよ」

とバオさんは満面の笑みで塩をわしづかみする素振りを見せた。

「肉は水から茹でて、沸騰したら塩を入れてさらに30分。火を消したら、そのままちょっと置いておく。ただし、小さい塊は先に全部引き上げ、大きな骨付きの部位はもっと長めで」

シンプルな料理だからこそ、部位ごとのきめこ

脂がのった肩甲骨は
噛めば噛むほど
旨味が湧いてくる！

大鍋で水から茹で、沸騰してから30分グツグツ煮込む。「肩甲骨は、モンゴルでは大切なお客さまに出すスペシャルな部位」。最初はそのままで、山椒ベースのミックススパイスやピリ辛ダレで味変を楽しむ

まやかな手当がキモ。さすが意識が違うな～。

内モンゴル出身のバオさんが、新橋に店を開いたのは6年前。それ以前は、中華料理の店で腕を振るい、一時は出張料理をしていたことも。

「私が作るのはモンゴルの家庭料理。ベースにあるのは、料理上手だったおばあちゃんの味。お客さんから懐かしい味がするとよく言われます。世界中どこでもお母さんの料理が一番おいしいっていうのは、そこ。愛なの、愛。私の料理を食べて、みんなが幸せになってくれたらいいなあと思っています」

多くの常連客がこの店に惹かれるのは、バオさんが作る料理がおいしいからではあるけれど、むしろバオさんの愛に包まれたいからなんじゃないかなあ。私だって包まれたい。

オーナーの梁宝璋さん（左）は中国東北部の黒龍江省チチハル市出身。「老酒舗」は18年、御徒町のガード下にオープン。「行ったことはないけど、昔の中国東北地方にタイムスリップしたようなディープなたたずまいがたまらない」（ハナコ）

01 ハナコがお返しに教えたい店

アジアのリアル現地味を
もっと一緒に楽しみたいから

1920〜30年代の中国東北部の
大衆酒場がコンセプト

老酒舗

Data

住　所　台東区上野5-10-12
ＴＥＬ　03-6284-2694
営　業　朝食月曜〜日曜7:00〜10:00
月曜〜金曜11:00〜23:00(22:30LO)
土曜12:00〜23:00(22:30LO)
日曜12:00〜22:00(21:30LO)
定休日　無休

この店の話をする前に、まずは神田「味坊」について少しだけ。今でこそ、羊肉とクミンの組み合わせはすっかり市民権を得たけれど、その立役者は間違いなく「味坊」ではないかと思う。

もとは、神田駅のガード下にあるごく普通の中国東北料理店だったのが、常連だった自然派ワインの伝道師、故・勝山晋作さんとの縁で、2011年にヴァン・ナチュールを置き始めたのをきっかけに、一気にブレイク。私が初めて食べに行ったのもそのころで、羊肉とクミンが大好物の私にとって、まるでパラダイスのようなこの店に、通い続けること早10年。

その間、店の勢いは加速する一方で、今では湯島、御徒町、三軒茶屋にも店を構える〝味坊グループ〟に。なかでも私が今、一番好きなのが、御徒町のガード下にあるここ、「老酒舗」だ。

「コンセプトは中国東北部の1920～30年代の大衆酒場。今では失われてしまった昔の酒場の雰囲気と料理が大好きで、それを日本にも伝えたいと思ったんです。私もだいたい、いつもここで飲んでますよ（笑）」

とオーナーの梁宝璋さん。確かに、行くとだいたいはいるかも。朝は7時からお粥や肉まんなどの朝食が食べられて、昼から夜までの通し営業。いつでも予約なしでサラッと入れて、駅から近いので、サクっと食べて飲んで、電車に飛び乗れる便利なところがまずはいい。

ほかの店に比べて一皿のポーションが小さいので、一人でもあれこれつまめるし、野菜や発酵もののメニューが多いせいか、一番家庭料理っぽい感じがするのが、この店に私が惹かれる最大の理由かも。

行くたびにメニューが増えていて、食べたことがない未知の味ばかり。中国料理は本当に奥が深い。つい新しい料理に目移りしてしまうけど、やっぱり外せないのは「味坊」名物の「発酵白菜土鍋」。これが小鍋で食べられるのはこの店だけ。毎回白菜の発酵具合が違うせいか、何度食べても本当に飽きない。

この発酵白菜、そのうち売ってくれないかなー。なんてことを思っていたら、2020年春に「味坊集団」というお取り寄せサイトがスタート。まるでコロナ禍を見越していたかのように、梁さんが足立区に食品加工工場「味坊工房」を立ち上げたのは2018年。そこで中国国家資格「麺点師」を持つスタッフが作る水餃子などの点心、羊肉串、そして私が愛してやまない発酵白菜やスパイスミックスなどの調味料も販売。梁さんさすがです♥

ちょこちょこ
いろんな料理を
食べられるのが
うれしい♥

「発酵白菜土鍋」のほかに決まって頼むのは、ムチムチ食感が衝撃的な「板春雨冷菜東北味」、麻薬的おいしさの「ポテチクミン味」、見目麗しい「オクラ葱油和え」、最高のつまみ「もつ煮込み」、ドラム缶の窯で焼いた「土炉烤鶏」、ひと口サイズの「麻辣串」など。ワインはすべて自然派で、ボトルを冷蔵庫から自分で勝手に取り出すシステム

教えてくれた人

02 60代男性／元会社役員

夜の蝶たちに評判の名物サンドイッチ

みやざわ

お待ちしてます！

Data

住　所　中央区銀座8-5-25 西銀座会館1F
T E L　03-3571-0169
営　業　11:30 ～14:30
16:00 ～翌4:00（サンドイッチは16:00 ～）
定休日　土曜・日曜・祝日

銀座のクラブの出前の定番といえば、ここ「みやざわ」のサンドイッチ。夜の蝶とつまむサンドイッチは、さぞかし格別な味がするのだろうと思いきや、「一人で店でできたてのヒレカツサンドを食べるほうが何倍も旨い」と聞いて、やってきました、銀座8丁目。いかにも昭和喫茶といったレトロなたたずまいに、まずはぐっとくる。メニューには11種類のサンドイッチがあり、卵好きとしてはたまごサンドはマストだし、エビフライサンドやヒレカツサンドも気になる。あ、オムライスやナポリタンもあるのかあ……とほかのメニューに心を奪われている場合じゃなかった。

　迷った挙句にサンドを3種盛りにしてもらうと、たまごを中心に、上下左右からヒレカツとエビフライが挟み撃ち。これはテンション上がるわ。このサイズ感がまさに夜の蝶仕様。カツサンドを一つつまんで頬張ると、熱々サクサクでジュワッとした感じはできたてならでは。出前のソースが染みた感じも、そりゃたまらないだろうけど、それは次回テイクアウトのお楽しみに。

「たまごサンド」の具は卵、マヨネーズ、塩、こしょうのみ。「エビフライサンド」にはタルタル、「ヒレカツサンド」にはケチャップとソースを合わせた甘辛ソースを

100%『踊ってる?』と
言われますが
踊れません(笑)。

たまたまカウンターで隣り合わせた常連客の紳士は「綾さんは常に正しい。大声で話したり、下ネタを言ったり、正しくない行いをする人は退場させられます。私も実は3回くらいありました」と妙にうれしそう

ハナコがお返しに
02 教えたい店

気っ風のいい若きマダムに会いたくて
紳士が集まる店だから

店主の客あしらいに惚れぼれするスペインバル

¡ÁNIMO!
アニモ

Data

住　所　新宿区弁天町2-2 プルミエールミモワセダ1F
T E L　050-3553-3459
営業時間、定休日はInstagram@animowaseda.ayaで要確認

店名の「ANIMO」はスペイン語で「頑張れ」の意。16年に西荻窪から早稲田に移転し、21年夏に早稲田内で再移転した。写真は再移転前のもの

「生ハム（ハモン・セラーノ）」「レンズ豆と豚肉の煮込み」「アンダルシア風にんじんサラダ」「スペインオムレツ」など黒板メニューは約30種。シェリーは辛口から甘口まで常時グラスで8種類ほど

この店がかつて西荻窪にあったころ、立ち飲みで10人も入ればいっぱいになる小さな店内は、いつも紳士のお客さんでにぎわっていた。おじさまたちをバッサバッサと斬っていく店主、多戸綾さんの客あしらいがすごく気持ちよくて、みんな見事に斬られてご機嫌になって帰っていったっけ。

早稲田に再移転した今も、それはまったく変わらない。料理も相変わらずおいしくて、聞けばスペイン料理研究家の渡辺万理さんの下で学び、恵比寿にあったスペインバルの名店「ティオダンジョウ」（現在は調布に移転）で4年半修業したというから、どうりで本格派なわけだ。

「うちの料理は、毎日食べても疲れない家庭料理やクラシックなタパス。塩の量も控えめで、スペイン人からも〝お母さんの味がする〟と言われます」

お酒は、ビールやスペイン産ワインはもちろん、カクテルもあるけれど、この店に来たなら、ぜひ飲んでほしいのがシェリー。スペインのアンダルシア地方南西部で造られる酒精強化ワインだ。シェリーのソムリエ、ベネンシアドール・アフィシオナドの資格を持つ綾さんのオススメに委ねれば、まず間違いはない。

教えてくれた人
03 60代女性／居酒屋女将、その他大勢

普段甘いものを食べない私でも全制覇したくなる

LA CRÊPERIE

ラ・クレープリー

Data

住　所　三鷹市下連雀4-21
TEL　なし
営　業　13:00～19:00
定休日　土曜・日曜・祝日
twitter@ABBESSES_CREPE

シュガー系、クリーム系、お食事系のクレープがあり、生地はすべて同じ。半日寝かせてから使う。店主の矢作三郎さんは、恵比寿のビストロ「アベス」のシェフでもある。写真は移転前の西荻窪の店舗

バターたっぷりの
リッチな生地は
大人のクレープ！

あまりに人気すぎて、2021年に三鷹に移転。

確かに、2018年1月に西荻窪の高架下に店がオープンした当初から、舌の肥えた大人が多い〝西荻村〟では「生地がメチャメチャ旨い」と大評判。常に行列ができていたっけ。店主は恵比寿のビストロのシェフと聞いて、甘いものを食べない私でも、なぜにクレープ？と気になってしょうがなかった。

「フランス修行時代、パリの街角で子供からおじいちゃんまでがクレープを買って食べながら歩いている姿がかっこいいなあと。そんなパリの日常の風景を日本で再現したかった。敷居は低く、でもフランス菓子を作るようにクオリティは高く。特に生地にはこだわりました」

と店主の矢作三郎さん。ぱっちり焼き色がついた香ばしい生地は、バターのコクと旨味と香りがあって、塩味もキュッと濃くて甘味もふんわり。こんなにリッチな生地なら、それだけで十分おいしいし、何より酒が飲める。しかも1枚350円からって、安すぎやしませんか？

「たかだかクレープなんで」

と矢作さん。く～っのひと言、痺れるなあ。

ハナコがお返しに
03 教えたい店

中央線沿線で
頑張る粉もの
本気店だから

トッピングして仕上げる進化系タコスが楽しすぎ

TACOS Shop kichijouji
タコスショップ キチジョウジ

Data

住　所　武蔵野市吉祥寺本町1-1-5
TEL　なし
営　業　月〜金17:00〜翌1:00、土日15:00〜翌1:00
定休日　無休
Instagram @tacosshop_kichijoji

吉祥寺のハモニカ横丁の一角。わずか2坪の店先には大勢の人が溢れていて、みんなやけに楽しそう。小窓からは店主の近藤輝太郎さんが鉄板で小さなトルティージャを焼いているのが見える。

この店のタコスは、もちもちで柔らかいトルティージャに具を巻いて食べるスタイルで、ひじきの赤ワイン煮とか、豚肉とグレープフルーツとか、具の組み合わせが全部面白くてシャレていて、めちゃくちゃおいしい！　料理担当はフレンチの修業をした星穣さんと聞いて、パーツの繊細さと完成度の高さに納得。一見シンプルだけど、実はかなり凝っているのは食べるとわかる。メニューは定番のカルニータス（豚肩ロースの蒸し焼き）やスアデロ（牛肉の煮込み）以外はほとんど日替わりで、来るたびにメニューが変わっているから、何度来ても飽きないしワクワクする。

とはいえ、ここのタコスは、それで完成じゃない。これをベースに、自家製サルサやハーブなどを自由にトッピングして、自分で仕上げるのがこの店の醍醐味。何をどう組み合わせるかを〝考えるタコス〟。センスを試されている気がするなー。

タコスって
手巻き寿司や
おにぎりに近い

見ているだけで楽しいカラフルなトッピング。マンゴーピュレ、パクチーと青唐辛子とクミン、サルサ・ヴェルデ、焦がしトマトのサルサ・ロハ、食べるラー油的なサルサ・マチャ、紫タマネギ、塩、パクチー、ミント、キーライム

教えてくれた人
04 30代男性／アパレル勤務

エスニックタウンで燦然と輝く定食の店

キッチン浜家

なんと
ツインディッシュ！
そうきたか〜

Data

住　所　墨田区錦糸1-8-12
T E L　03-5610-2277
営　業　11:30 〜14:00
17:30 〜22:00（土曜はランチのみ営業）
定休日　日曜

錦糸町には大好きなアジア食材の店があり、ディープなフィリピン料理店にも足繁く通ったほど馴染み深い街。私の中ではエスニックタウンの印象が強いだけに、こんなにナイスな洋食屋さんがあると知らずに20年以上も過ごしていたとは、なんたる不覚。うっすら悔しい……。

店主の浜屋憲弘さんは、この店を開く前は、一流ホテルで洋食のコックさんとして10年間働いていたのだそう。

「揚げ物なんてやったことがなかったけど、お客さんのリクエストに応えるうち、気づけばご覧のとおり揚げ物屋です。こだわりなんてないから、その場その場であるものを作るだけ。生姜焼きとメンチカツの定食も、お客さんが生姜焼きを食べたいって言うから作ったら、それだと足りないからメンチカツも付けてって。みんな勝手なんです」

とうれしそうにカウンターに差し出した生姜焼きとメンチカツは、2皿に別盛りで「ツインディッシュです！」とおちゃめな浜屋さん。ざ、斬新すぎる！　確かに、生姜焼きのキャベツはタレを浸してシミシミで食べたいし、メンチカツの衣はサ

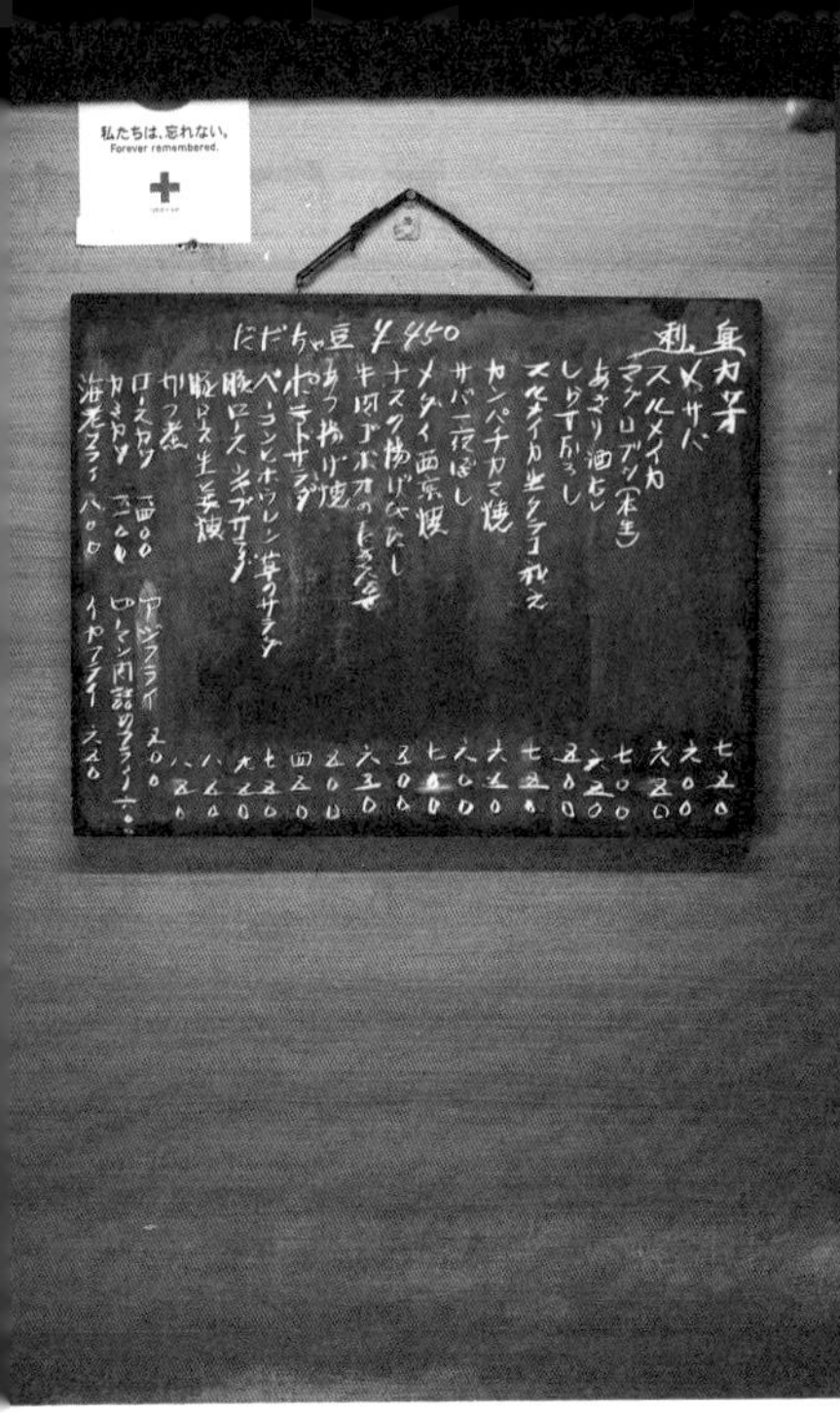

ご主人のツヤツヤ肌の秘密、聞いちゃいました（内緒だけど）

クサクのままがいいので別皿は理にかなっている。この痒いところに手が届く感じ、く〜ったまらん。

揚げ物が並ぶメニューの一番下に「本マグロブツ」とあるのが気になって聞いてみると、毎朝アジフライとエビフライのために豊洲に通い、マグロ屋さんにいいマグロがあるときだけメニューに載せているのだとか。

「それだけだとまったく仕事をしていないのが申し訳なくて、ヒレカツも一つ付けてます」

なんと謙虚で奥ゆかしい。そんな大将の魅力にノックアウト。夜は大将が「社長」と呼ぶ奥さまが仕切る居酒屋になるそうで、皿からはみ出さんばかりの名物カミカツを食べに、そして飲みに、次は夜に参ります！

錦糸町駅から徒歩4分。途中、スカイツリーの足元からてっぺんまでが見える絶景ポイントが。ランチは日替わりの定食で、平日の夜は居酒屋になる。「この夜メニュー、大好きすぎる」（ハナコ）

何度も食べてるのに、蒸籠のふたを開けた瞬間、まるで初めてのように感動して歓声を上げてしまう「肉焼売」。挽き肉ではなく、肩ロースを粗く刻んでいるから肉汁がジュワーっ。玉ねぎの甘みと隠し味程度の砂糖がおいしさの秘密

04 ハナコがお返しに教えたい店

夜は居酒屋使いもできる
定食の名店だから

思わず「白メシ泥棒〜！」と叫んでしまう

菱田屋

駒場東大前の商店街にある「菱田屋」は、定食屋さんらしからぬコンクリート打ちっ放しのおしゃれなたたずまい。近くの東大の先生や学生たちはもちろん、わざわざ遠方から訪れるファンも多く、昼時は常に行列ができるほど人気。近所には「菱田屋酒場」も

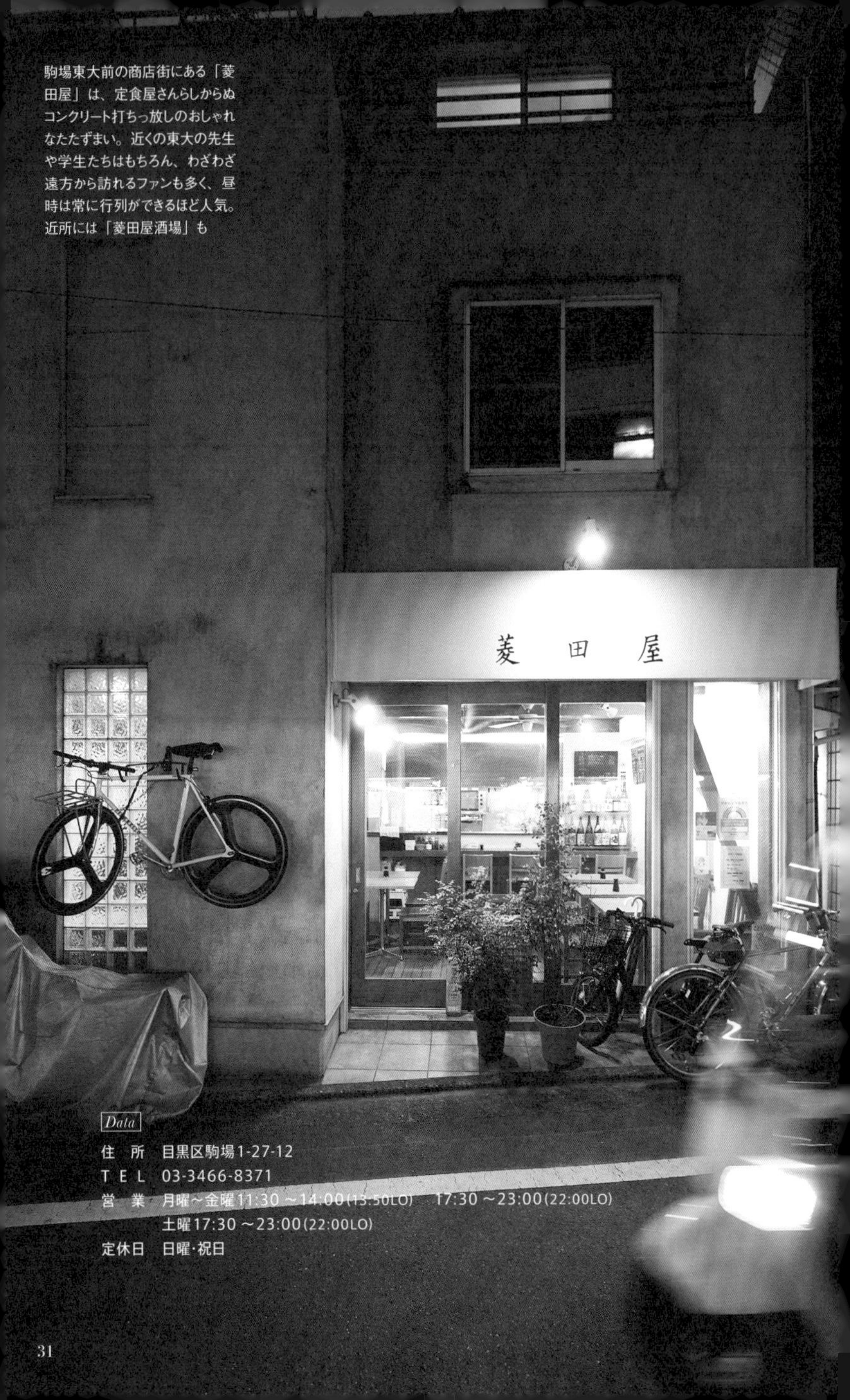

Data

住　所　目黒区駒場1-27-12
TEL　03-3466-8371
営　業　月曜～金曜11:30 ～14:00(13:50LO)　17:30 ～23:00(22:00LO)
土曜17:30 ～23:00(22:00LO)
定休日　日曜・祝日

中華出身の
５代目、
アキラです

衣ザクザク、中ふわっ
ふわの「アジフライ」
には「やっぱり生でしょ」
（ハナコ）

４代目憲明です。
刺身と漬物、
味噌汁担当です

明治の創業で100年以上続いている町の定食屋さん「菱田屋」。もともとは東大などに料理を届ける仕出し屋さんだったそうで、現在の店主・菱田アキラさんで5代目。

メニューには肉豆腐や生姜焼き、あじフライといった昔ながらのおかずに並んで、油淋鶏や麻婆豆腐など本格中華が多いのは、アキラさんが伝説の中華料理店「文琳」で修業していたから。「お客さんみんなにおなかいっぱいになってほしい。でも、量が多いだけではダメで、ガッツリしているからこそ、毎日でも食べ飽きない味を」というのがアキラさんのモットー。おいしさへの探求心と追求心は半端なく、だからこそ、なじみのある料理なのに驚くほどおいしくて、思わず「この白メシ泥棒〜！」と叫んでしまうほど。

定食屋さんのおかずといえば、白いご飯に合うのはもちろん、お酒のアテにも最高だから、夜はやっぱり思いっきりお酒を飲みたい！ 何しろこの店のお酒のラインアップときたら、「どうぞ飲んでください！」と言わんばかり。定食屋さんとは思えないほどの充実ぶりで、ビールは生のほかに

大ぶりにカットした鶏もも肉に厚めのふわふわ衣。食感も食べ応えも十分。甘めの油淋ソースがあとを引く。「定食のときは、私はご飯は3分の1で」（ハナコ）

瓶が3種類、日本酒は冷酒に加えて燗酒も！ 本格焼酎は芋と麦、さらには酎ハイやサワーも各種取り揃え、なんとカンパリソーダまで！ これはもう夜に飲まない選択肢はないでしょ。

絶対はずせないメニューは、夜だけ登場する肉焼売。肉が皮からもりっとはみ出していて、とにかくジャンボ。弾力があって肉々しくて、ほんのり甘いのが、く〜ったまらん。さらにはアゴ裏に衣が刺さるザクザクのアジフライも、逆にふわふわ衣の油淋鶏も、定食の付け合わせのスパゲッティサラダも、あれもこれも食べたいものだらけで悩ましいけど、完全にオーダーを決めてから頼むのが暗黙の了解。なぜなら、昼も夜もホントめちゃくちゃ忙しいので、店の人たちの緊迫感が店じゅうに漂いまくってる。

でも、だからこそ、動きに無駄がなく、あ・うんの呼吸での連携は完璧で、フォーメーションと呼びたくなるほどの美しいチームワークに、いつも惚れぼれ。その調和を乱したくはないし、願わくば客である私も緊張感をもって、その美しいフォーメーションに組み込まれたいのよ。

教えてくれた人

05 30代男性／会社員

この昼定食に焼肉男子の夢が詰まってる♥

ホルモンまさる

Data

住　所　港区芝5-21-14
ＴＥＬ　03-6435-1990
営　業　11:30〜23:30(23:00LO)
ランチは11:30〜14:00までで焼肉定食(1000円)のみ
定休日　不定休

店名「まさる」は“魔が去る”に由来するそうで、オープンしたのは9年前。店主の相馬源さんは亀戸のホルモン青木の出身だそう

名物まさるホルモンに
カシラ、ロース！

ランチ定食に生卵を追加してすき焼き風で食べる人も多く、卵かけご飯で〆る人も。「いいな、そのひとりフルコース」（ハナコ）

「とにかくコスパがいい。昼定食の肉がすごい！」と言われたけれど、正直コスパはどうだっていい。定食にも興味がない。私は焼肉でお酒を飲みたい！すると、「昼飲みもできますよ」と言うので、やって来ました慶應仲通り商店街。地元の人から〝ケイナカ〟と呼ばれるこのエリアは、狭い路地の両脇に小さな飲食店がひしめき、昭和感たっぷり。

　昼定食も終わる14時前。店内を覗くと、まだ学生さんからサラリーマンまで男子がぎっしり。ここは男性専用車両か⁉ 熱気ムンムンで、みんなが脇目もふらずにワシワシと肉を焼いては、ご飯にガンガンのっけて食べている。「おかわり！」の声があちこちから上がり、威勢がいいことこの上なし。そして、その凄まじいまでの集中力は壮観。そんなラッシュアワーのあとに、私は昼酒！

　とりあえずホッピーの白に、肉はかしらと名物まさるホルモンをオーダー。ごろごろと大振りにカットされたホルモンの艶々として美しいこと！見ただけで鮮度のよさがわかる。そしてひと皿400円からという安さは、確かに港区ではなかなかお目にかかれないかも。

艶々のホルモン、
赤身焼きしゃぶ(シンシン)、
ハラミは並がいい！

05 ハナコがお返しに教えたい店

焼肉を食べるときは
決まってココだから

焼肉愛が海より深い男子も悶絶必至

冨味屋

Data

住　所　台東区浅草2-14-7
TEL　03-3844-3667
営　業　17:00～23:30
定休日　火曜

国際通りとひさご通りの間にある通称"焼肉横丁"に店はある。焼肉店の看板が目を引くが、冨味屋は引き戸の脇に小さな表札があるだけ。思わず通り過ぎてしまいそう

浅草ビューホテル前の国際通りを入ったところに、年季の入った渋い焼肉屋さんが密集している路地がある。通称〝焼肉横丁〟。かつては数十軒の韓国料理屋が軒を連ねていたそうだけど、今あるのは10軒ほど。1960年創業の冨味屋はそのうちの一軒で、2017年にリニューアルして、かなりこざっぱりとした店になった。店内が清々しくなった分、よりいっそう肉のピュアさが際立って、焼肉マニアにとっては肉の味にまっすぐ向き合えて、いわゆる焼肉道に邁進できたりするのかも。

「基本的に焼肉は自由なので気軽に食べてほしいですね。僕は聞かれたらもちろん何でも答えますが、自分からベラベラしゃべらないです、あいつと違って」

と店主の高山勇男さんが言う〝あいつ〟とは、熟成肉の達人として知られる「カルネヤ」店主、高山いさ己さんのこと。そう高山さんは、いさ己さんのお兄さん！

「店を開いたのは今年96歳の祖母。オープン当初は韓国料理を出す居酒屋みたいなもので、ホルモン焼きも出しているという感じだったんです」

と高山さん。うん、その感じ、すごくわかる。確かに、ここは世の中的には焼肉屋さんなんだろうけど、私の中ではどちらかというと焼肉も食べられる居酒屋さんという立ち位置。もちろん、焼肉はものすごくおいしい。なんてったって肉質がめちゃくちゃいいし、そして安い。タンやカルビ、ハラミやホルモンはどれも一皿1000円以下で、三角バラやカイノミといった希少部位ですら一皿オール1500円！　盛りもいいし、ホルモンは光り輝いてるし、ハラミは並と上を食べ比べた結果、並のほうがむしろ肉々しいから断然好み。でもね、塩辛やセンマイ刺し、キムチがものすごくおいしいので、私のメインはむしろそっち。裏メニューの卵焼きもマストで！　ホテルのオムレツのように美しくて、ふわとろでおいしいんだから。

2人で来るときに焼肉で頼むのは、ホルモンと並ハラミにせいぜい1種類追加するくらい。あとは一品料理をつまみにマッコリを飲んで、スープでシメるのがいつもの私の食べ方。肉を全制覇したいとか、希少部位を食べたいとか、そういう人ももちろんいると思うけど、私はここで肉をたくさん食べたい感じじゃない。とはいえ、焼肉を食べるなら絶対にココだし、この店で飲み食いするのが好きだから、そのためだけにわざわざ浅草まで来るといっても過言ではないかも。

「牡蠣の塩辛」は冬季限定。白菜、大根、きゅうりの「キムチ3種盛り」、「センマイ刺」、「卵焼き」をマッコリと

自家製コチュジャンをつけて食べるとマッコリを呼ぶ!

教えてくれた人
40代女性／ワインショップディレクター 06

誰といつ行っても満足できる洋食の店

キッチンマカベ

Data
住　所　世田谷区祖師谷3-1-15
T E L　03-3482-3748
営　業　11:30 ～14:00(土日祝～15:00)
　　　　17:00 ～21:00
定休日　木曜・第２水曜

メニュー選びは悩ましくも楽しい。オムライスとクリームコロッケの盛り合わせ「オム・コロ」だなんて「うれしすぎ」（ハナコ）

まぶし過ぎて
クラクラする〜

※価格は変更されています

右が2代目の兵藤智さん・寿志子さん夫妻。左が3代目の由弥さん・ありささん夫妻と子供たち。「3姉妹なので、4人目を考えているみたいです」（寿志子さん）

「東京・祖師谷大蔵のウルトラマン商店街をうろうろしていたら、おのずと吸い寄せられるから、すぐわかる」と言われた通りのすごい吸引力。店の前のサンプルケースが私を誘っているとしか思えない。アメリカンライスにインディアンライス、海の幸デラックスミックスフライ……。何っ！　この魅惑的なメニューの数々。

店に入ると、女将さんが笑顔でお出迎え。1階はちょうど満席で、ちょっと待ちかなと思いきや、ちょうど食べ終わったお客さんがささっと席を立つ。こういうさりげない譲り合いの精神、ぐっとくるなー。でも結局は「お2階へどうぞ〜」と案内されて階段を上がると、ゆったりとした空間に絶妙な配置で老若男女が。腹ペコの学生や男子サラリーマンはガッツリご飯大盛りで生姜焼きを食べてるし、小さな子供連れのお母さんは、仲よくオムライスを分け合っているその横で、おじさんがご飯はナシで、ミックスフライをアテにビールを飲んでいる。食べてるものはみんなバラバラなんだけど、全員がリラックスしていて、ホント幸せそうな顔してる。

厚切りリブロースの生姜焼き「ポークジンジャー」に「マカロニ海老グラタン」、ドライカレーにカレーをかけ、ミニメンチカツをトッピングした「スペシャル インディアンライス」など「どのメニューにもご家族の優しい雰囲気がにじみ出ていて、毎日でも食べたい味」（ハナコ）

創業は1961年で、現在の店主・兵藤智さんの母親が茨城県真壁郡（現桜川市ほか）の出身だったことから店名を「キッチンマカベ」にしたのだそう。

「お子さんからご年配の方まで食べられるようにという思いが常にあります。ひと口目に〝おいしい〟ではなく、全部食べ終わったあとの〝おいしい〟を。もっと言えば、本当に目指しているのは次の日に〝昨日食べたあれ、やっぱりおいしかったねー〟と言ってもらえること」

と兵藤さん。確かに、どのメニューを食べても、出過ぎたところがまったくない。優しくて品があって過不足のない味。食べても疲れないから、次の日にまたすぐ食べたくなるんだよねー。

ハナコがお返しに
06 教えたい店

住宅街で家族連れに
長年愛される店だから

いつ行っても「あの料理」が食べられる安心感

中国風家庭料理

ジーテン

Data

住　所　渋谷区西原3-2-3
TEL　03-3469-9333
営　業　月～金17:00～20:30
定休日　火曜

シャキッとした歯ごたえが絶妙な「インゲンのカラカラ炒め」は、代官山「LINKA」時代から30年以上作り続けている定番中の定番

64年岩手県生まれ。調理師学校を卒業後、「四川飯店」を経て、代官山「LINKA」で化学調味料を使用せず、素材を生かした料理を身につける。代々木上原「正宇治」の料理長を務めた後、99年に「ジーテン」を開く。ご出身・岩手の食材を積極的に使っているところも印象的

この笑顔に
癒されます

オープンして22年。代々木上原は、今でこそおいしいお店が多い街というイメージがあるが、ジーテンはその先陣であり筆頭

料理は人なり。このお店に来るたびにそう思う。初めて来たときから、店主の吉田勝彦さんがニコニコ迎えてくれて、ものすごく感じがよかったし、出てくるお料理もお人柄そのままに全部、優しい。化学調味料不使用というところばかりが評価され、確かにそのよさもあるけれど、控えめなのにパシッと味が決まっていて、決して物足りなさを感じさせない。それって僭越ながら、すごい技術だなーと思う。〝過ぎないことのよさ〟に気づかせてくれたのがこのお店。

吉田さんが作るのは、季節野菜を中心とした体にやさしい中国家庭料理。素材の味を生かした滋味深さにあふれ、定番メニューのすべてに「解熱」「老化防止」「疲労回復」といった医食同源にもとづく効果が謳われている。どんなに食べても、お店を出るときはいつも胃がすっきり整うので、毎回「これ、全部いけるね」っていう話になるけれど、個人的な印象としては、巻いてるものが多くないですか？ 定番メニューだけでも、もやしの湯葉巻に板春雨の海老巻き蒸し、海老しそ春巻、さらには蒸し餃子だって、茹でワンタンや揚げワンタン

モヤシの湯葉巻き

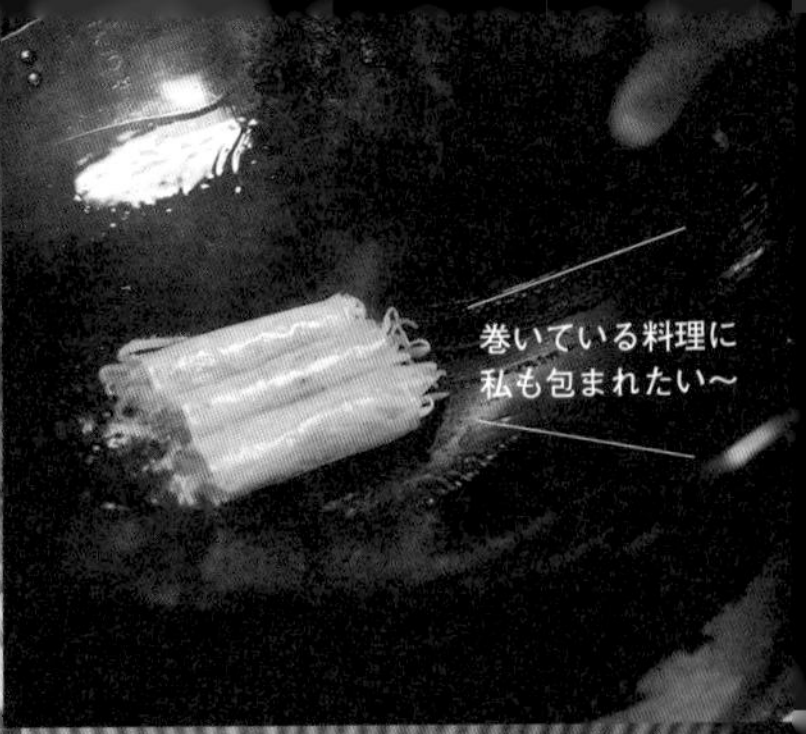
巻いている料理に
私も包まれたい〜

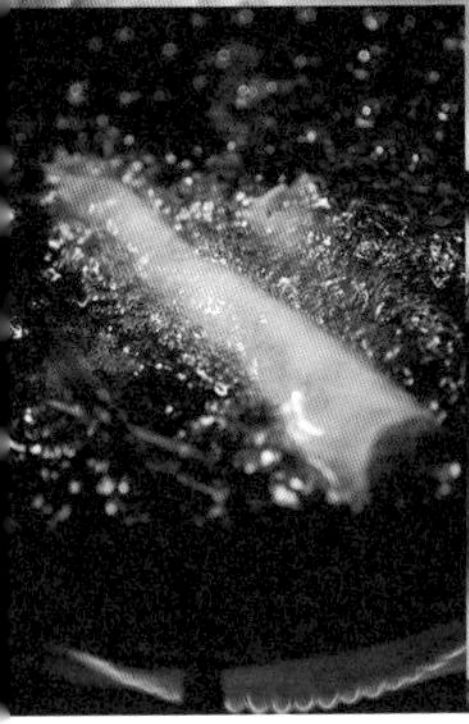

海老シソ春巻

板春雨の海老巻き蒸し

だって、言ってみれば巻いているようなもの。そのうえ日替わり、週替わりのメニューにも変化球の巻いたものがあって、カリカリだったり、やわらかかったり、サクサクだったりと、カタチも食感もそれぞれだけれど、共通しているのは常に守られているという感じ。私まで包まれて守られているようで、なんだかホッとするのよね。さては私にも守られたい願望があるのかな？

あとは蒸しものもすごくおいしい。営業中ずっとセイロがホカホカしてる景色はすごく和む。

私自身お店にそう頻繁に訪れるわけではないけれど、ずっとそこにあり続けて、吉田さんの優しい笑顔も料理も変わらない。その絶対的安心感はすごいと思う。40品前後ある定番メニューはオープン以来ほぼ同じで、いつ行っても「あのときのあの料理」が食べられる。「『あれ、もうないの？』とがっかりさせたくないんです」と吉田さん。

開店当時からの常連さんも多く、小さい頃から両親と一緒に来ていた姉妹が今では大学生になり、お店でアルバイトをしているとか。しかも2組目！それってかなりのレアケースでしょ。

「千住ねぎのパスタ」はショートでもロングでもオーダー可能。「つまみっぽい」（ハナコ）と即答でショートに。パスタは10g単位で好きな量だけ頼める

教えてくれた人
07 30代男性／料理カメラマン

イタリア家庭料理とマニアックなお酒を好きな時間に

Osteria Luce

オステリア ルーチェ

17年に金町から北千住に移転。駅から徒歩10分の日光街道沿いにある。店名の「ルーチェ」は娘さんの名前に由来すると聞き、「わーロマンティック♥」（ハナコ）

Data
住　所　足立区千住仲町12-10
ＴＥＬ　03-6673-4273
営業時間と定休日はInstagram＠osterialuceで要確認

名物「野菜のイタリア惣菜」は調理法もさまざまな野菜が約10種類と盛りだくさん。「これだけでボトル半分は飲めそう」（ハナコ）

イタリアの自然派ワインはグラス10種類、ボトル70種類のほか、デカンタやワインコースもあり

イタリアでは"リッボリータ"と呼ばれる家庭料理。「冬野菜と豆、パンのトスカーナ風煮込み」

「大山鶏のレモンバターソース」は胸肉なのにふわっふわ

クラフトビールは生２種類とボトル４種類。銘柄は日替わりで

東京の東には、いい酒場はあっても、おいしいイタリアンはないという話をしていたら、「近所にあるよ！」と亀有の住人が教えてくれたのが、このお店。店名の「オステリア」はイタリア語で「居酒屋」だから、酒場じゃん！と思ったら、お酒は自然派のイタリアワインとクラフトビールが中心で、そのラインアップは超マニアック。

そもそもシェフの馬場澄人さん自身がお酒好き。昼から夜までの通し営業にしたのは、「自分がお客だったら、飲みたいときにいつでも、だらだら飲んでいたいし、昼でも夜の料理をつまめるといいなあと思って」とのこと。基本、お客さまにもがっつりお酒を飲んでほしい感じですか？と聞いてみると、「べつに飲まなくてもかまいませんが、たぶん飲みたくなる味つけです」とにやり。

確かに、名物の「野菜のイタリア惣菜盛り合わせ」は、どれもきっちり塩が決まっていて、ワインを飲まずにはいられない。この一皿でボトル半分はいけそうだけど、ひとまずグラスの白をお願いすると、妻のまゆみさんがボトルを4本携えてきた。気になるものを指差して「どんな感じです

朴訥とした
家庭料理が
うちらしさです

思わず拝みたくなるえびす顔のご夫婦。シェフの馬場澄人さんは専門学校卒業後、池袋の「リストランテ文流」（現在は閉店し、高田馬場店と国立店のみ営業）で10年働いた後、08年に金町で独立。妻のまゆみさんは「リストランテ文流」時代の同僚

か？」と尋ねると、ひと口グラスに注いで試飲させてくれる。何、このうれしすぎるサービス！

「ワイン用語は難しいし、イタリアワインの品種はわかりづらい。言葉で説明するより飲んでもらったほうが手っ取り早いかなと。よくわからず頼んだ一杯がしっくりこないと、残念な気持ちになりますよね。同じ一杯なら楽しんで飲んでほしい」

とまゆみさん。ワインを呼ぶ馬場さんの料理は、〝野菜のイタリア郷土料理〟と謳ってはいるけれど、赤、黄、緑といった陽気なものでは決してない。色止めはせず、くたくたになるまで煮っぱなしのいんげんだったり、どろどろに煮くずしたリッボリータだったり。素朴で目にも胃にも優しく、しみじみと味わい深い。毎日でも食べたくなる味。

「見た目に美しい料理は他のお店にお任せします。朴訥とした家庭料理がうちらしさかな」

そう言って笑う馬場さんの、なんと福々しいお顔だこと！ そういえばまゆみさんともども恵比須顔のおふたり。この店、すごく気がいいな。

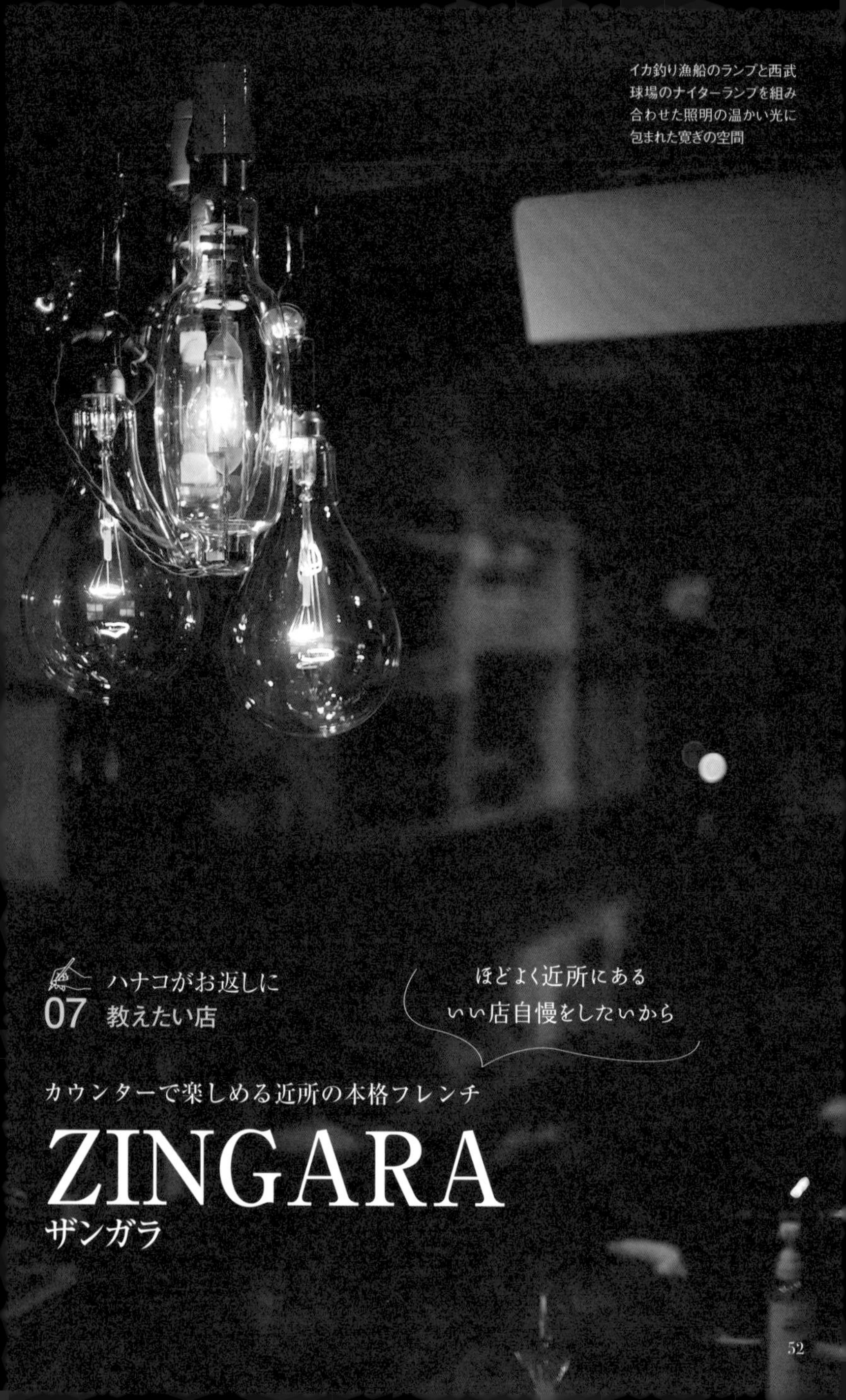

イカ釣り漁船のランプと西武球場のナイターランプを組み合わせた照明の温かい光に包まれた寛ぎの空間

07 ハナコがお返しに教えたい店

ほどよく近所にあるいい店自慢をしたいから

カウンターで楽しめる近所の本格フレンチ

ZINGARA

ザンガラ

店内はカウンター６席と２人
がけのテーブル席がひとつ

Data

住　所　杉並区荻窪4-25-10
ＴＥＬ　03-5335-7741
営　業　17:00～23:00
定休日　日曜・月曜

自宅から近すぎる店って、意外に足が向かなくないですか？　以前住んでいた家から徒歩5分くらいにあるこのお店がまさにそう。初めて行ったのは引っ越す3～4か月前。思った通り料理もワインもおいしくて、シェフもマダムも素敵だし、めちゃくちゃ居心地のいい店。もっと早く来ればよかったと後悔したけれど、すぐに挽回。今ではけっこう頻繁に通っている。バスで15分、タクシーを飛ばせば10分という距離感がちょうどいいし、カウンターが中心なので、ひとりでふらっと来て、アラカルトでもコースでも楽しめるのがうれしい。

1軒目はもちろん、2軒目使いでチーズやデザートと食後酒だけ、ちょっと食べ足りないから1～2皿とワイン2～3杯という使い方をする常連さんも多く、私も含めてそういう人は間違いなく食いしん坊（笑）。おいしいものとお酒をこよなく愛する人なら、絶対に気に入るはず。ただし、初めて訪れるときの最低限のマナーとしては、まずはちゃんと1軒目でしっかり食べてほしいし、できればワインとのペアリングで。

料理のベースはフレンチなので、合わせるお酒

ヘアスタイルは
アヴァンギャルドですが
実は保守的です

DRAPPIER

料理もお酒も
自由な発想で、
日本酒もあり

も基本はワインなんだけど、以前ここで鮎のお料理をいただいたとき、「今年は和食屋さんで鮎を食べなかったなー」と思った瞬間、それまでずっとワインだったのに、ぴったりの日本酒が出てきて驚いた。エスパーかよと（笑）。

「カウンターなので、お客さまの好みや今何を飲みたそうかなということを考えながら選んでいます」とシェフの中村洋行さん。ワインのセレクトは、てっきりオーナーでマダムの藤本りかさん担当かと思いきや、シェフだったのね。

お店がオープンしたのは2017年。店名の「ザンガラ」は、フレンチのソース名ではあるけれど、中村シェフのお父さんが営んでいたレストランの名前だそうで、もともとはジプシーの意味。

「ベースはフレンチですが、世界中を旅して各地の文化や伝統を取り入れながら順応してきたジプシーのように、料理もお酒も自由な発想でいろんな文化や時代のいいとこどりをしていけたら」

と中村さん。そんなお店の自由さを味わってほしいから、ぜひともおまかせコースをワインペアリングで。しつこいようですが。

誰が名付けたか、〝五反田ヒルズ〟。五反田駅から徒歩2分。目黒川沿いにある築30年超のリバーライトビルは、3階から上がビジネスホテルで、地下から2階までの3フロアにスナックを中心とした50軒近くの飲食店がひしめいている。六本木ヒルズを意識したネーミングなんだろうけど、その由来は、五反田にITベンチャーが多く集まっていることからだとか。確かに五反田って〝日本のシリコンバレー〟って呼ばれてるもんね。とはいえ、六本木ヒルズとは程遠い、レトロなたたずまいは昭和感たっぷり。もちろん私は断然こっちのほうが好みだけど♥

今回は、そんな〝五反田ヒルズ〟を「のんべえの聖地・野毛に近いホッピング感」と絶賛する〝野毛マイスター〟と一緒に、はしご酒へGO～! 耐久レース並みの長い一日が始まりそうな予感しかない。

column1

“五反田ヒルズ”を知っていますか?

90年から30年近く愛され続けたガード下の名店が、18年3月に閉店。2か月後に常連客によるクラウドファンディングで復活した

ゼロ次会でも
メインでも
シメにもどうぞ

すし処 都々井

マイスターと待ち合わせたのは、かつて五反田駅のガード下にあった「すし処 都々井」。本格江戸前鮨をリーズナブルに楽しめると人気だった立ち食いの店で、何度か行ったことがあったっけ。以前はカウンターのみで、お客さんがギューギュー詰めのダークダックス状態だったけど、こちらはテーブル席もあってゆったり。相変わらずシャリ、旨いなー。しかも一貫ずつ頼めるようになったので、ちょっとずついろいろ食べられるのがうれしい。

店内を見わたすと、ゼロ次会の人もいれば、シメの人も、メインでがっつりの人もいる。

「どうぞご自由に。隣の超人気店、とだかさんの予約が6時半だから、6時にうちで待ち合わせという方も多いですよ」

と店主の筒井誠さん。さすが〝五反田のジョージ・クルーニー〟と呼ばれているだけに、懐が深い。

五反田ヒルズで飲むときは、「すし処 都々井」をどこに組み込むかを最初に考える人が多いとか。今日は1軒目でさくっと切り上げ、向かいの「きになる嫁デラックス」へ。店名

Data

住　所　品川区西五反田1-9-3 リバーライトビルB1F
TEL　03-6417-3564
営　業　17:00～翌1:00
定休日　日曜・祝日の月曜

五反田の夜を
楽しく
盛り上げてます

カウンターには毎日10〜15品の季節、気分のおばんざいが並ぶ。「おふくろの味ではなく嫁の味ってところがニクイ!」（ハナコ）

きになる嫁デラックス

を聞いただけで、もういい店の予感しかない。

カウンターには10〜15品ほどの料理がずらりと並び、ちくわのえのき明太マヨネーズあえにしろ、豚肉とキムチのゴマドレッシングあえにしろ、どれも味が濃いめにバシッと決まっていて、おふくろではなく間違いなく嫁の味。これは惚れちゃうなーとうっとりしていると、「嫁にしたいよ」と隣にいた常連さん。「ママの何がすごいって、スーパーや縁のある肉屋さんや魚屋さんでその日に出会ったよいものを仕入れて作るから、毎日メニューが替わるわけよ」とぐいぐい来る。それってまさに嫁の感覚、嫁の鑑。「私ね、ママって白鳥だと思うのよ。優雅に見えて、実は水面下ですごい努力をしているんじゃないかって」とマイスターが持ち上げると、「いや、黒鳥でしょ」と常連さんがバッサリ。そんなやり取りを「私はお客さまの笑顔だけが励みですから」とママがきれいにまとめたところで、「シメのバーが開くまでもう一軒行こうか」とマイスター。これまでの2軒も最後の店も、当時オープン2〜3年の店だったので、「渋い中堅どころも知ってこそ、五反田ヒルズの奥深さがわかると思う」とのこと。

Data

住　所　品川区西五反田1-9-3 リバーライトビルB1F
TEL　050-3708-0904
営　業　月〜金曜18:00〜ママ頑張れるまで
土日は会員イベント
定休日　不定休

五反田ヒルズ？
ちゃんちゃら
おかしいや

「わしの顔のどこがヒルズ?って思うでしょ」と大将の小川史郎さん。いえいえ、大将がいるから締まるんです。「しかも大将、超福耳だし。この店には、間違いなくいい気が流れてる」（ハナコ）

酒 食事 かづ

向かった先は「酒 食事 かづ」。オープンしたのは14年前で、それ以前は日本旅館「海喜館」の近くにあるビルの2階で営業していたとか。それがまたどうして五反田ヒルズに？

「もともと五反田には花街があって、最初は料亭で懐石をやってたの。その料亭がなくなって、三味線弾きのお姉さんが店を開くというので、料理人として入ったのが『かづ』。そこもオイルショックで閉めることになり、暖簾を引き継いだんだけど、あなたみたいな女性に岡惚れしちゃってさ。店も家も全部取られて、残ったのは女房だけ。で、たまたまここに空きがあるって聞いて」

と五反田の歴史とともに自らの人生を振り返る大将、小川史郎さん。〝岡惚れ〟って、艶っぽい言葉だなー。

大将が作る料理も遊び心に溢れていて、盛り付けにしろ、飾り包丁にしろ、巧みな技の連続。舌だけでなく、目でも存分に楽しませようという和食のもてなしの心がギュギュッと詰まってる。そして大将が本当に楽しそうに自由にやってるのがいい。ここで永遠に大

Data

住　所　品川区西五反田1-9-3 リバーライトビルB1F
ＴＥＬ　03-3491-8664
営　業　17:00～23:00
定休日　日曜

季節ごとの限定サワーもあります

五反田ヒルズにオープンして5年。武蔵小山に2号店も。ボトルはすべて値札付きで、後ろには手書きのコメントが。麦焼酎「二階堂」をベースにしたサワーが人気

ハイスピリッツバー

将の話を聞きながら飲んでいられるけど、そろそろシメの「ハイスピリッツバー」へ。

「私はいつもレモンサワーだけど、マスターのヒロさんがシングルモルトやジンが好きで、珍しいものもあるみたい」

とマイスターが言うと、「レモンサワーだけでなく、季節のフルーツを使った限定サワーもありますよ」と店主の塩野洋志さん。

酒場の何が楽しいって、新しいお酒と出会えること。そこで知ったお酒や飲み方を、家に持ち帰って楽しんで、そしてまた酒場に行って未知のお酒を知る……その無限ループがたまらなく幸せ♥

と、気づけば五反田ヒルズで6時間！マイスター、今日は本当にありがとう。強烈な個性がある店ばかりで、それぞれからエネルギーをもらった気がする。どの店もほかの店と比べてなくて、「自分はこれがいいと思う」と我が道を行きながら共存している大人の遊び場。まさに酒飲みの天国だよ。まだまだ気になる店がたくさんあるし、飲み過ぎても上がホテルだから安心だけど、だったらいっそここに住んでしまいたい！

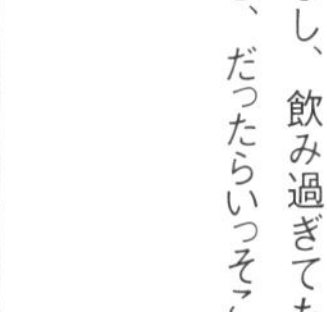

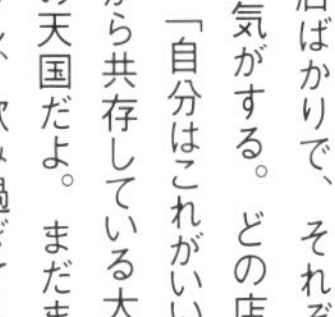

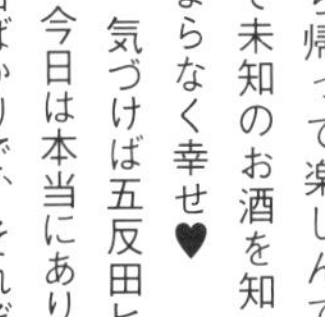

Data

住　所　品川区西五反田1-9-3 リバーライトビル1F
TEL　080-7019-6775
営　業　20:00～翌1:00(金・土～翌2:30)
定休日　土曜・日曜・祝日

この界隈を
“谷渋谷”として
盛り上げたいっ!

「刺身五種盛り」は“五種”とは名ばかりで、この日はなんと13種類!「うにといくらの細巻き「酒のつまみにサイコー」(ハナコ)。ワインはすべて国産、日本酒は日替わりで8種類

教えてくれた人

08 50代男性/料理人

店主の勢いこそ一番のごちそう

活惚れ

Data

住　所　渋谷区鶯谷町19-19　第三叶ビル1F
TEL　03-6455-3170
営　業　月曜～土曜17:00～翌1:00
　　　　日曜16:00～24:00
定休日　月1回不定休

店主の松永大輝さん。和食店で6年、鮮魚卸が母体の居酒屋「魚真」で9年働き、18年4月に独立。店名「活惚れ」は、「地元のお祭りのようにお子さんから年配の方まで来てくれる店にしたい」と、出身地・静岡県清水市のお祭りに由来。子供はもちろんペットもOK

「この界隈を〝谷渋谷〟と名づけて盛り上げていきたいんですっ！」と店主・松永大輝さんは威勢がいい。店がある鶯谷町エリアは、渋谷駅から徒歩7～8分。とはいえ、桜丘町と南平台に囲まれた山間の集落感満載で、このロケーションがまずはいい。メニューも、松永さんが魚の居酒屋「魚真」出身だけあり、魚の品揃えとクオリティがハンパない！刺身や炭火焼き、煮つけといった王道は真っ当においしいし、名物「毛蟹玉」などひねりのきいた魚料理から肉、野菜、シメに至るまで酒飲み心をそそられるものばかり。しかもすべてハーフでオーダーできるので、一人飲みにも優しい。

　お酒は、生ビールはクラフトビールのみで、日本酒も今勢いのある酒蔵をきっちり押さえているし、ワインやスピリッツも日本のクラフト。さらにはサワーの柑橘もすべて国産！気合い入ってるなー。ひとつひとつに松永さんの魂を感じる全方位へのこだわりは、もはや居酒屋レベルを越えている。溢れ出るやる気、アイデアが湧き出てしょうがない感が、半紙にぎっしりのメニューからひしひしと伝わってくる。

鮨と天ぷらのいいとこどり。「料理の腕前はもちろん、トークも抜群にうまい！ジローさんのショーを見ているみたい」（ハナコ）

Data

住　所　港区新橋3-13-7 本多ビル3F
ＴＥＬ　03-3432-9333
営　業　17:30～23:00（土曜～21:00）
定休日　日曜

鮨と天ぷら、
そして自分が
この店のウリ

ハナコがお返しに
08 教えたい店

おいしい魚と勢いのある店主を
味わってほしいから

ハイブリッド居酒屋は鮨と天ぷらの二刀流

うまい魚と天ぷら ジロー

名物ジロー巻

新橋の路地裏の
急な階段を
上がった3階!
うまい魚と
天ぷら
ジロー
3階

初めてこの店に来たとき、何に感動したかって、刺身のツマの素晴らしさ。単なる大根の千切りとかではなく、白菜の浅漬けだったりとひと手間かけて工夫もあって、ツマだけで飲めるし、それでいて刺身の邪魔をしない。神は細部に宿る。店主の小林二郎（以下ジロー）さんの魂が隅々にまで入っているのを感じて、この店は絶対おいしいものを食べられるに違いない！と確信した。

実家は新橋の天ぷら割烹で、お兄さんが家業を継いだので、ジローさんは鮨職人の道へ。「父親が事故に遭って帰ってこいという〝料理屋あるある〟で」実家で天ぷらの修業をし、2013年に独立。

「うちは鮨屋と天ぷら屋のいいとこどりですが、もうひとつのウリは板前である自分。新橋って店主のアクが強くないと生き残っていけません。どこか尖ってて、そこにピタッとハマるお客さんがファンになってくれるんです」

とジローさん。新橋の路地裏の、急な階段を上がった3階という立地に最初はひるむかもしれないけれど、ひとたび入ったら、ジローさんのとりこになること間違いなし！

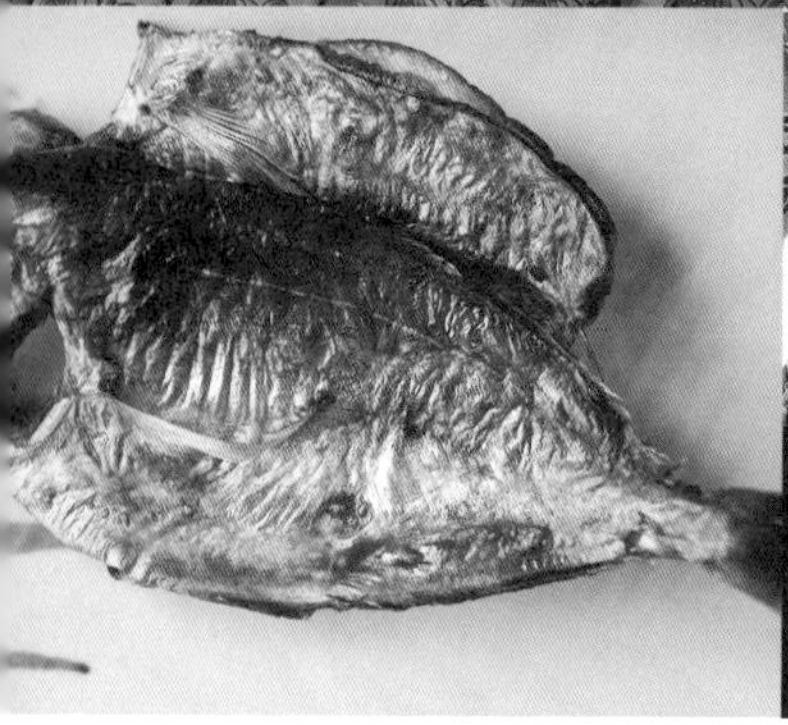

昭和の風情漂う「三角地帯」のゆうらく通りに「食堂おさか」はある。女将の篠塚さんは「誰もが安心して通れて、人が大勢訪れる明るくにぎやかな街にすること」を目指し、07年に店を開いた

教えてくれた人

09 40代女性／活版印刷プランナー

夜10時からオープンする三軒茶屋の深夜食堂

食堂おさか

Data

住　所　世田谷区三軒茶屋2-13-9
ＴＥＬ　03-3419-4129
営　業　22:00～翌11:00(売り切れ次第終了)
定休日　不定休(原則日曜休)

国道246号と世田谷通りに挟まれた「三角地帯」は三軒茶屋の名所的存在。数多くの飲食店が新旧入り乱れて軒を連ねている

ここの卵かけご飯で
シメないと
三茶の夜は終わらない

東急三軒茶屋駅の世田谷通り口を出てすぐ。国道246号と世田谷通りに挟まれた「三角地帯」に、夜10時にオープンし、昼までやっている深夜食堂がある。

「夜は普通に居酒屋使いをする人もいれば、卵かけご飯だけを食べに来る人もいて、朝は夜勤明けの人や近所の飲み屋さんが閉店後に盛り上がっているなか、出勤前のサラリーマンが淡々と朝定食を食べていたりと、混沌としています（笑）」

女将の〝しーちゃん〟こと篠塚忍さんが店をオープンしたのは14年前。その当時から一番こだわってきたのがダシ。西伊豆の田子港で手作りしているカツオ節と枯節で丁寧にひいているという。

はしご酒のシメに決まって食べるという人が多い卵かけご飯や定食には、すまし汁がついてきて、まずはダシの味を味わったあと、5種類の味噌からお好みで溶き入れるのが〝おさかルール〟。

「味噌汁って家庭の味でしょ。味噌汁を飲んでお母さんの味を思い出してほしいと思って」

篠塚さんは、都会で頑張っている若者たちを応援する「三角地帯」の母なんだなあ。

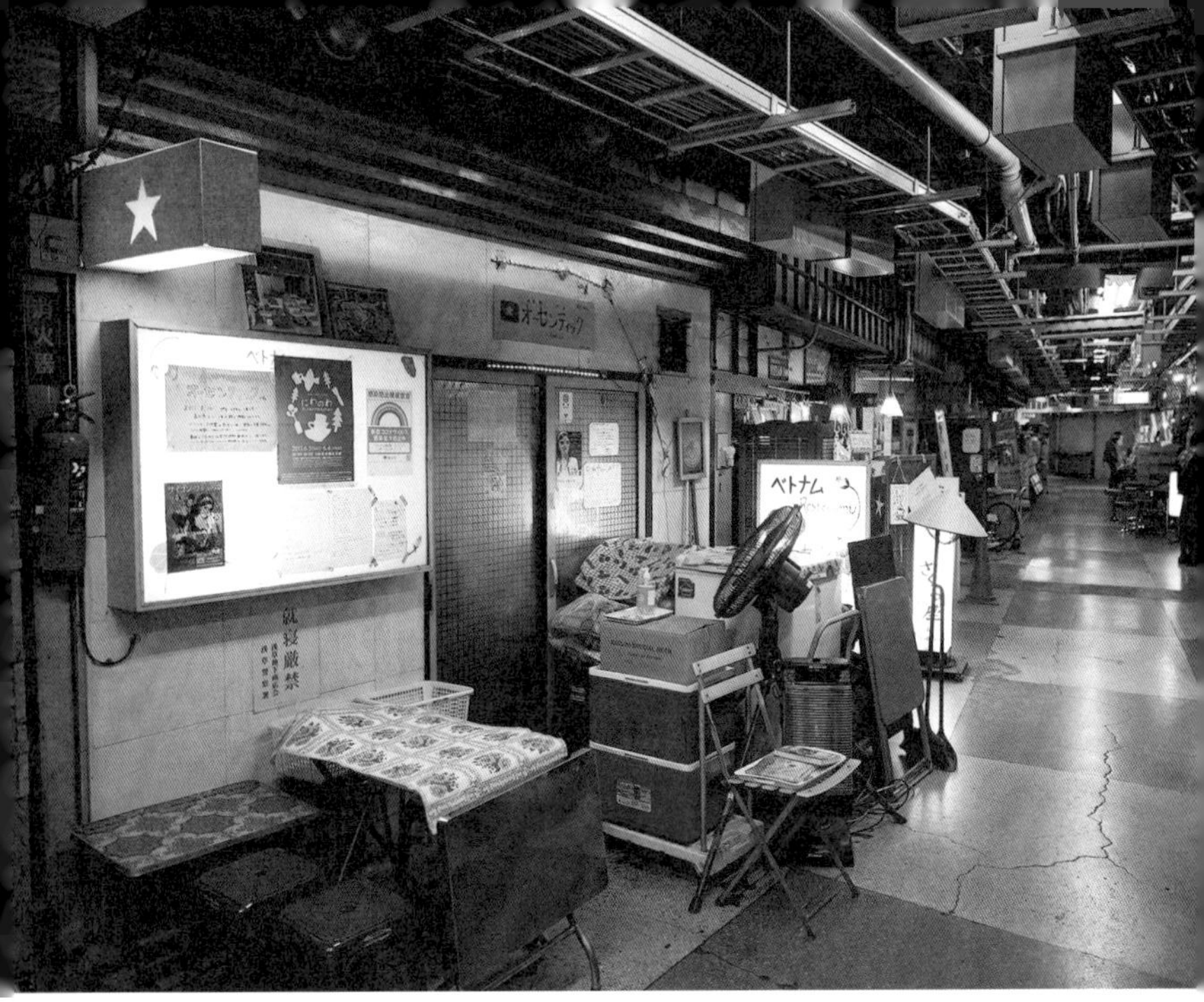

ハナコがお返しに
09 教えたい店

昭和のディープゾーンを
東京の東でも体験してほしいから

浅草地下商店街にあるマニアックなベトナム料理店

オーセンティック

銀座線浅草駅に直結する浅草地下商店街は、低い天井にむき出しの配管やケーブルから昭和の香りが漂う。その歴史は古く、銀座線が開通した昭和2年に新仲店商店街の有志によって誕生。昭和30年に現在の商店街になった

Data

住　所　台東区浅草1-1-12 浅草地下商店街
TEL　03-6802-8545
営　業　月～金18:00～22:00、土日11:00～22:00
定休日　無休

ベトナム南部の名物料理「紫山芋とたたき海老のスープ」は冬季限定。和食のすり流し的なもので、「つぶつぶ感も楽しい」（ハナコ）

器に麺と厚揚げ、肉やハーブを載せ、海老の塩漬けを発酵させた調味料、マムトムをかけて混ぜて食べる北部の麺料理「ブンダウマムトム」をベトナムのウォッカ「ネプモイ」や「ネプカム」のソーダ割りと。

ここの揚げ春巻は私の人生イチ！現地よりおいしい

浅草に地下商店街があるって、知ってました？そこだけエアポケットのように時代から取り残され、いまだに昭和が続いてる。理髪店や気功整体、占いの館に金券ショップといった雑多な店が軒を連ねているが、実は約半分は飲食店。ベトナム料理「オーセンティック」はそのうちの一軒だ。

もともとベトナム料理は大好きで、現地でも日本でもけっこう食べ歩いてきたけれど、この店のメニューは食べたことのない珍しいものばかり。その全部がとてつもなくおいしくて、見たことのない食材も多くて、すごく面白い。

一時期あまりに通い過ぎて全メニューを制覇すると、「貸し切りでおまかせコースにしたら、オオモノや一部の人だけにお勧めしているマニアックなメニューもお出しできますよ」と店主の森泉麻美子さんからありがたい申し出が。

早速貸し切りにすると、土鍋の炊き込みご飯や大きな魚一尾丸揚げなど、確かに出てくるものがさらにディープに……。私の知らないベトナム料理の世界を教えてくれたありがたき店。

おまかせとは言いつつも、必ずコースに組み入

店舗はわずか4坪。カウンター7席で、あとは外にテーブルが1卓

夫婦２人でメニューを考え料理もしてます

れてもらうのが「揚げ春巻」。ここの揚げ春巻は私の人生イチ！ 現地で食べるよりおいしいかも。皮が薄くてサックサクで、具のみっちり感と旨みの凝縮感が半端ない！ 挽き肉だけでなく、甲殻類の味がするなーと思って聞いてみると、

「海老と蟹も入っています。その他、クワイや人参、干し椎茸や干しきくらげなど全部で20種類ほど。あと調味料もいろいろ。ベトナム人は旨みを追求する民族なんです」

と料理人の中塚雅之さん。そりゃ、おいしいはずだわ。旨みが複雑で立体的なのは、ブレンドの相乗効果だったのね。

あとは「紫山芋とたたき海老のスープ」もマストで。美しい紫色のスープは独特のとろみがあって、れんげで口の中に運んだ瞬間に舌の上で海老と鶏の旨みが爆発する感じは衝撃的。

私がおススメするのはここまでにして、あとは森泉さんと中塚さんのおふたりに身を委ね、未知なるベトナム料理の世界に連れて行ってもらってほしい。できればコース料理、それも貸し切りで！ それが、この店の真骨頂にして醍醐味。

オリジナルで
ビールも
造ってます！

教えてくれた人
40代男性／一級建築士 10

国産のクラフトにこだわった銀座のビアバー

麦酒屋るぷりん

Data

住　所　中央区銀座6-7-7 浦野ビル3F
TEL　03-6228-5728
営　業　火〜金 15:00 〜24:00(フード22:30LO)
土日祝15:00 〜23:00(フード21:30LO)
定休日　月曜・他不定休あり

真鍮のサーバーでサーブされる樽生ビールは1週間でラインアップが入れ替わり、すべて木村硝子店のグラスでサーブされる

ハイボールは
国産ウィスキー
「イチローズ・モルト」で

大のクラフトビール好きが「背筋がシャキッとする店」と教えてくれた「麦酒屋るぷりん」。6種類の樽生クラフトビールは知らない名前ばかりで、ほとんどが日本の醸造家によるもの。ジンやラム、ウイスキーも日本の蒸留所で、料理も国産食材、デザートは天然氷のかき氷とくれば、店主・西塚晃久さんの「日本のクラフト」へのこだわり、高い志が伝わってくる。

「オープン当初は頑なに日本の生産者にこだわってましたが、最近は外国産も入れることで、国産ビールの特徴をより説明しやすくなりました」

そう言って西塚さんがワイングラスに注いでくれたのは、スイスの醸造家が造ったビール。樽で発酵、熟成させているためか、赤ワインのような酸味と深い味がビールとは思えない。続いて愛媛の酒蔵のクラフトビールを底の丸い専用グラスで。

底を丸くすることで対流が起き、味がまろやかになるんだそう。確かに飲み比べると味のとんがり感がない！　いや〜グラスってホント、大事だな。改めて店でお酒を飲む醍醐味ってコレなんだなと思う。また一つ、大人の階段を上った気分だよ。

ハナコがお返しに
10 教えたい店

クラフトマンシップに
こだわる店だから

ピッツァも料理もワインも全部おいしい

Lupi32

ルーピトレンタドゥエ

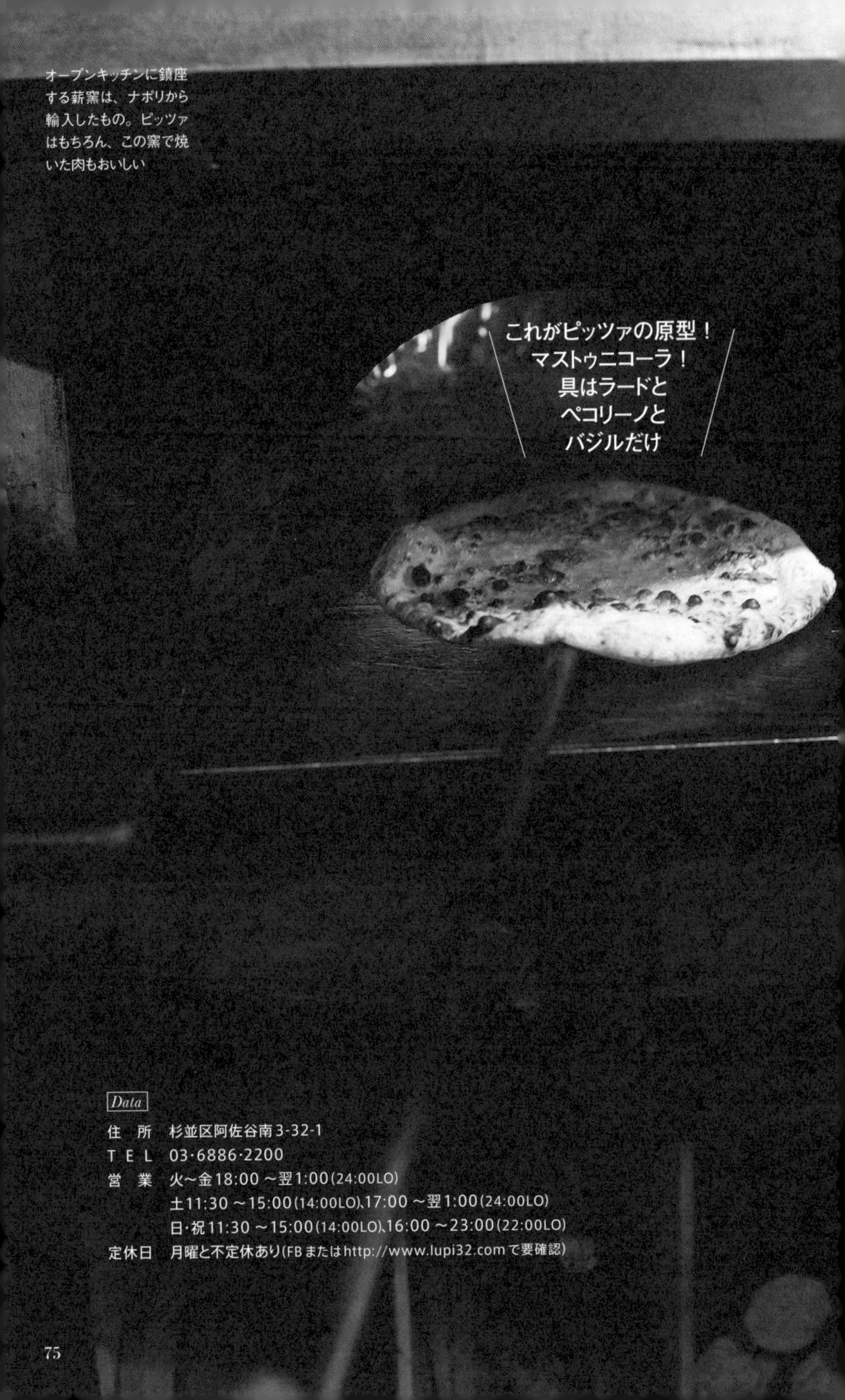

オープンキッチンに鎮座する薪窯は、ナポリから輸入したもの。ピッツァはもちろん、この窯で焼いた肉もおいしい

これがピッツァの原型！
マストゥニコーラ！
具はラードと
ペコリーノと
バジルだけ

Data

住　所　杉並区阿佐谷南3-32-1
T E L　03-6886-2200
営　業　火〜金18:00〜翌1:00（24:00LO）
土11:30〜15:00（14:00LO）、17:00〜翌1:00（24:00LO）
日・祝11:30〜15:00（14:00LO）、16:00〜23:00（22:00LO）
定休日　月曜と不定休あり（FBまたはhttp://www.lupi32.comで要確認）

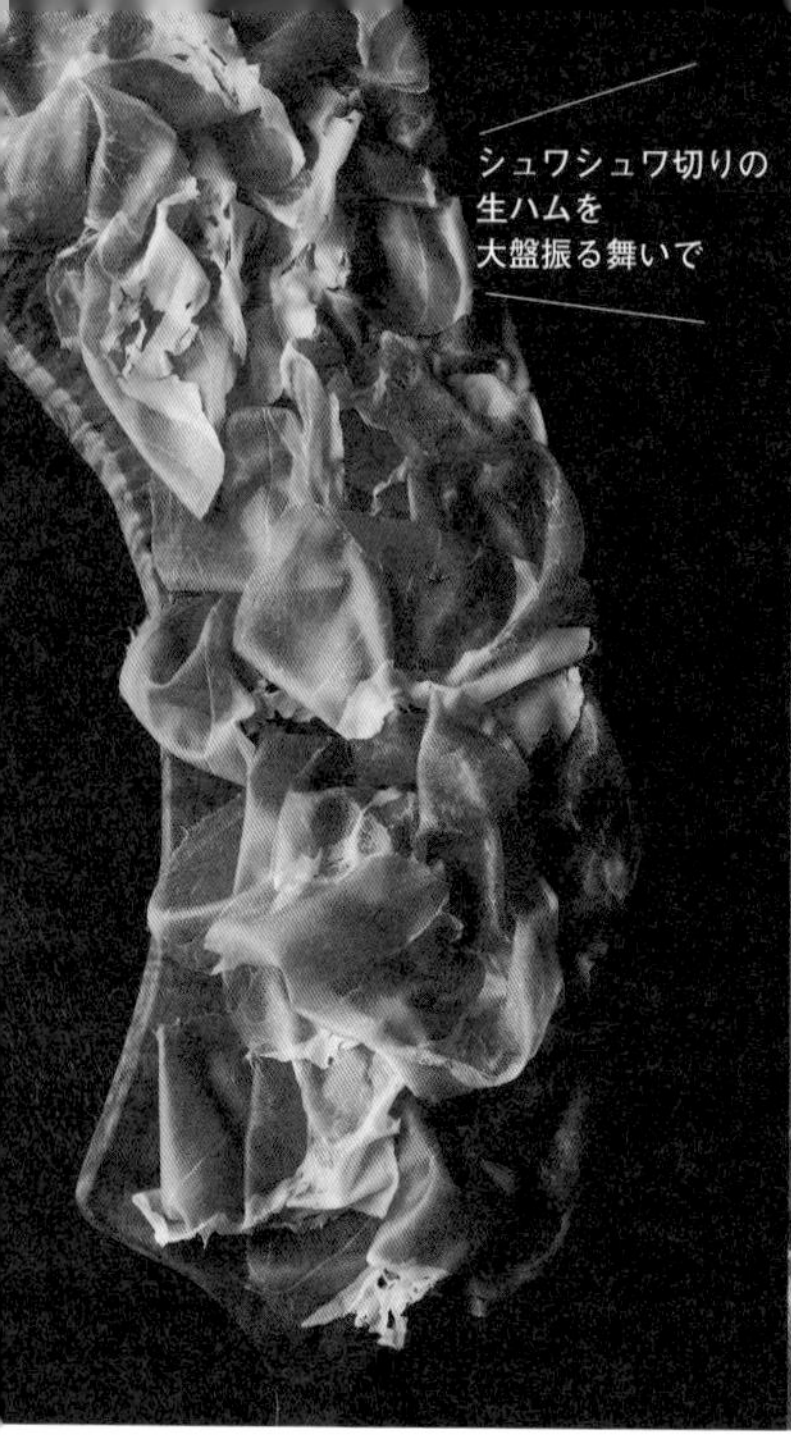
シュワシュワ切りの
生ハムを
大盤振る舞いで

ワインが進む
大人の
フライドチキン

中央線沿線で〝美食の町〟といえば、西荻窪をイメージする人が多いかもしれないけれど、実は阿佐ヶ谷も負けてはいない。銀座の焼き鳥「バードランド」も、日比谷の「鮨なんば」も、阿佐ヶ谷の地でスタートした。そして、ここ「Lupi 32」も今は青山にある中華「希須林」の跡地にある。

「オープンして5年。常連さんから、お前たちも何年かしたらどこかに行くんだろう? と何度も言われますが、自分は杉並区出身なので、阿佐ヶ谷をもっと盛り上げていきたいし、打倒西荻窪でやってます」
と静かな闘志を燃やす店主の志賀和真さん。〝茨城の美食村〟と言われるつくば市のナポリピッツァの名店「アミーチ」で修業をし、ナポリピッツァの国際コンクールで優勝経験もある凄腕のピッツァイオーロだけあって、ピッツァはもちろんおいしい。でも、自然派ワインがグラスでいろいろ飲めるので、一人のときはカウンターでワインを飲みながら小皿料理を何品か食べるとピッツァまでたどり着かないし、二人のときはそれにピッツァを追加したりしなかったり。大勢で来るとリスト

うちの店を
どう使うかは
お客さん次第で

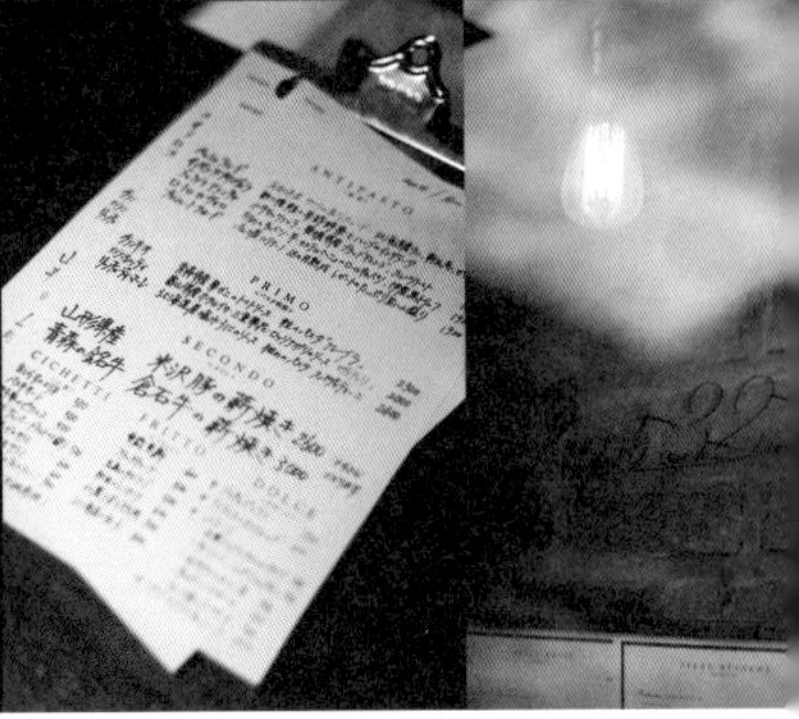

ランテ使いで前菜からパスタ、メインというコース仕立てにしたりと、ピッツァにこだわらず、自由な使い方ができるのがいい。

「ピッツァを一人1枚必ず食べてほしいというのはまったくないですね。うちはピッツェリアでも、トラットリアでも、リストランテでもないし、逆にどれであってもいい。もっと言えばイタリアンというジャンルですらない。どんなふうに使うかはお客さんが決めてくれればいいんです。僕はただ、自分たちがいいと思うものを自由に表現して、新しいことにチャレンジしていきたい」

志賀さん、カッコいいな。

お店のスタッフもみんな若くて気持ちがよくて、ここに来るとホント元気になる。これぞまさにレストラン（※フランス語の「restaurer＝回復させる」が語源）だなと思う。

カジュアルながら、落ち着いた雰囲気で大人が寛げる店。スタッフはみんな若くて明るくて気持ちいい。「ピッツァも料理もワインも全部に職人魂を感じる」（ハナコ）

千葉の郷土料理
なめろう

教えてくれた人
11　40代女性／フリー編集ライター

店主のイワシ愛がほとばしる店

いわしや

Data
住　所　渋谷区幡ヶ谷1-6-5 コーエイマンション1F
T E L　03-3377-6003
営　業　18:00～24:00(23:30LO)
定休日　日曜･日祝連休の場合の祝日

店の看板は03年にオープンした際、酒蔵「高清水」のご主人から贈られたそう。イワシはオーダーが入ってからさばくこだわりよう

780円
イワシひと筋30年。
これまで20トン以上は
さばいたかな

艶々の
うす造り

私、何しろイワシ好きなもので。初めて覚えた魚料理がイワシの手開き。あまりに好きすぎて聖地巡礼とばかりにポルトガルまで行ってしまったほど。そんな私に、「イワシ料理のオンパレードだから！」と教えてくれたのが、このお店。

いや〜、やっと来られた、憧れの幡ヶ谷「いわしや」。しかし、店内の短冊メニューにはイワシの文字が見当たらない……。戸惑いを隠せない私に、店主の大西康之さんが差し出したメニューには、24品のイワシ料理がずらり。

「出身がイワシの漁獲量日本一だった千葉県で、イワシをさばいて30年以上。これまでの総量は20トン以上になるんじゃないでしょうか」

しかし、ガラスケースの中には肝心のイワシの姿が見えない。イワシはいずこに……。

「冷蔵庫です。イワシはオーダーが入ってからさばきます。足が早いので、どんなに手間がかかっても、それだけは譲れません」

とキッパリ。うす造りの艶々として、エッジの立ったたたずまいは、鮮度の賜物。ご主人のイワシ愛に感服しました〜。私も精進します！

西荻窪駅南口から徒歩8分ほど。通称"乙女ロード"と呼ばれる道沿いにある。半地下になっているせいか、隠れ家的な雰囲気

11 ハナコがお返しに教えたい店

イタリアンで魚を存分に味わってほしいから

地元で愛される西荻窪の炭火焼イタリアン

da Rio

ダリオ

Data

住　所　杉並区西荻南2-6-10 サウススクエアB-2
TEL　03-5941-8829
営　業　月～金17:00～23:30、土日11:00～16:00、17:00～23:00
定休日　火曜

アンチョビやケッパー、オリーブの塩味と唐辛子の辛味を効かせたトマトソース、プッタネスカであえたブガティーニに軽く燻した鯖の炭火焼をトッピング。ワインはシチリアの赤をペアリング

カウンターなので
おひとりで
気軽にどうぞ

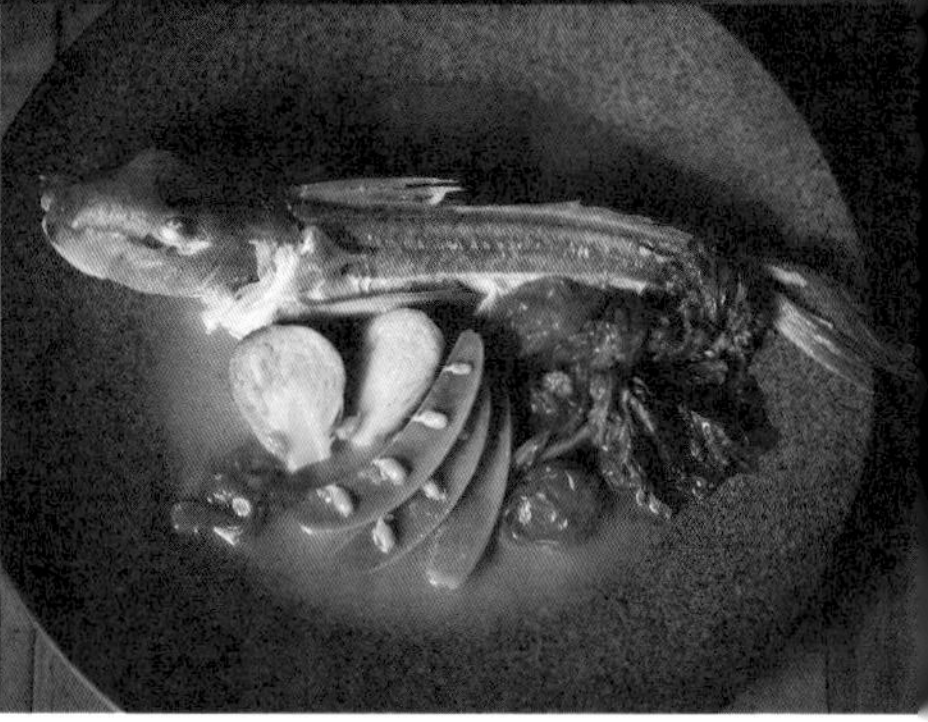

いつもひとりでご飯を食べたり、お酒を飲んだり。『女ひとり、家を建てる』（河出書房新社）なんて本まで出してしまった私は、〝おひとりさま〟のイメージが強いかも。

ひとりで行く店はだいたい食べるものが決まっていたりコースだったり。でも、料理がアラカルトの日替わりで、季節でガラリと印象が変わる店の場合は、相談しながらメニューを決めるのが楽しいから、決まって誰かと一緒に行く。ここ「da Rio」がまさにそう。シェフ自らＤＩＹで作った炭焼き台で魚や野菜、肉を炭火で焼いたり藁焼きにしたり。そんな香り高い料理とナチュラルワインが楽しめる気軽なイタリアンだ。

魚料理が多いせいか、ここのメニューは季節の色がすごく強い。魚って野菜と同じくらい、いや、それ以上に季節を感じさせる食材だと思うから。

「前菜で魚料理をたくさん食べていただいて、メインで肉料理という構成にしています」

とオーナーシェフの中島亮平さん。前菜に続くパスタもバリエーションがありすぎて、実はメインにまで目がいってなかったかも……。いつも前

魚は、岩手県
大船渡の
志田商店から直送!

菜で魚ばっかりオーダーして、途中で肉がないことに気が付いて、慌てて前菜から肉料理を頼むのがいつものパターン。ワインは詳しくないので、料理に合わせていつもソムリエの新藤桂一郎さんにお任せで。それが絶対間違いないから!

この店がいいなと思うのは、駅から徒歩10分という立地のせいか、浮わついた感じの人がいないこと。「お客さんの95%は地元の人です」と中島さん。みんな食べ慣れた大人ばかりな気がする。

基本はアラカルトなので、ひとりでふらっと来て、1、2皿とワイン2杯くらいでサッと帰っていく人が多い。パスタだけとか、前菜とパスタだけなど、自由度が高いのもいい。それでいて、2人でひとつの料理をオーダーすると、ひとり1皿でちゃんとサーブしてくれるのはありがたい。

「大変ですけど、遠慮の塊みたいにお皿にずっと残っているのが嫌なんですよね」

と中島さん。ちなみに料理の値段は2人分なので、ひとりで頼むときは全部ハーフにできる。だからひとりでも行きやすいんだと思う。あ、でも私はひとりでは行きませんけどね(笑)。

おでん
太郎
TEA MARKET
Gclef
茶葉市場
TEA MARKET Gclef
More
おでん
太郎

column2

もう行けない
世界一好きな店

勇気を出して下りた階段の先には最高のカウンター席が待っていた

私が、一番通った店を挙げろと言われたら即答できる。吉祥寺にあった「おでん太郎」だ。私は、この店が世界一好きだった。

初めて訪れたのは、20代後半。当時、私は吉祥寺に住んでいて、店の前を通って通勤していた。

街の中心地ではあるけれど、細い路地に面した老舗感の漂う縄のれんと看板。「おでん屋さんだな」ということは店名でわかっていたけれど、いかんせん入り口は薄暗い階段を下りた先にある。店内の様子がまったくわからない老舗にひとりで乗り込むには、まだ私は若すぎた。

でも、なぜだか絶対に、この店は行ったほうが良いような気がする。前を通るたびに勇気を出そうとしたけれど、なかなか機会が訪れない。

そんなある日の、飲み会の帰り道。私はほろ酔いだった。「この勢いなら行けるかも……」。気分はほとんど道場破りで、「たのもー！」とドアを開ける。すると、そこには見るからに温かな空間が。L字カウンターに座り、やさしい笑顔の女将さんに「はい、どうぞ」とおしぼりを渡されたときの安堵感は忘れられない。

お酒は、選りすぐりの山形の酒が中心。ご主人がおでん、女将さんがお惣菜を担当しているらしく、鍋にはあふれんばかりのおでん、カウンターには大鉢がズラリと並ぶ。ホワイトボードには書いてないけれど、聞けば刺し身や焼き魚、もつ焼きまでそろい、どれも食材の質が良く絶品。もつ焼きなんて、注文を受けてから肉を切って串を打つのだ。おでん屋台から始めて、店を構えて通算55年。いつだったか、屋台時代のモノクロ写真を見せてもらったけれど、白衣の大将がシブくてかっこよかったこと！

「当時の屋台は、おとうちゃんひとりでやってたんですけれどね。おでんだけでしょう。常連さんたちの体が心配で、お惣菜を作って持っていったら、いつのまにかお店に」と笑う女将さん。このお惣菜がまた絶品なのだ。

鶏とザーサイとセロリのあえ物、根菜の炒め煮、車麩とつくねの煮物、山盛りのポテトサラダやかぼちゃサラダ……、それに季節ごとの冷やしトマトやゆでとうもろこし、氷で冷やされたホヤや白子。それらがカウンターに並ぶさまを見ながら、どれにしようか迷うのがまた楽しい。

女将さんのお惣菜は、家庭料理のようでいて、いつもどこかひねりがあるレシピだった。定番の新じゃがの煮物も、聞けば「ふふふ。仕上げにオイスターソースとバターをからめているんですよ」って、なるほど！　にんじんにシナモンスティックやレーズンが入ったピクルスにも感動していたら、帰りに手書きレシピとシナモンスティックを手渡してくれたっけ。

何十年も通う常連さんが多いだけあって、吉祥寺にしてはお客の年齢層が高め。いつも活気があるのに落ち着いた雰囲気で、乱れた飲み方をする人はいなかった。それは、物静かでダンディなご主人や、温かく品のある女将さんが自然と作り出す雰囲気あってのことだったのだろう。

30代という仕事も忙しくなる時期。会社帰りに寄り、女将さんとたわいもない話をするのが常になった。ひとりでもいろいろ食べたいというリクエストには、少量ずつの盛り合わせを。私が16年通う間、連れていく友達も代われば、恋人も代わったけれど、おふたりのやさしい笑顔と活気あふれるカウンターは変わらなかった。

何度取材を申し込んでも「常連さんが入れなくなるから」とお断りをされていたのに、どうしても今、撮っておかなければ撮れなくなるような予感がして、数年前にラブレターのように長いお願いの手紙をおふた方に送った。「どうか一日だけ、プロのカメラマンに写真を撮らせていただけませんか」。そのしつこさに根負けしたのか、お許しが出たのがこの写真だ。

その後、店はご主人の体調などもありお休みがちになり、２０２１年3月、誰にも言わず店を閉めた。その閉め方も、なんともおふた方らしい。

もう「おでん太郎」はない。けれど、私は今でも、あのカウンターをふと思い出す。そして、ずっと世界一好きな店であり続けるだろう。

Data

おでん太郎

2019年3月1日閉店

nibu
ニブ

都心から1時間かけても
行く価値ありの酒場

教えてくれた人
12 40代女性／コピーライター

「都心からは遠いけど、行く価値は絶対ある！ 中目黒にあったら1年先まで入れないかも」と力説されて、やってきました西新井駅。住宅街にたたずむ小さな酒場「nibu」は、開店当初は昼は酒店、夜は居酒屋の2部制だったことからこの名前に。

「今は夜の営業だけで、パルマの生ハムとエミリア・ロマーニャ州の自然派ワインで推すようになったのは7年前くらいから。地の食べ物には地の酒だよね、と提案するようになって、地元の人からも理解してもらえるようになりました」

と店主の松本祐児さん。きっかけは、成城学園前の食肉加工専門店「サルメリア69」の新町賀信さんとの出会いだったとか。新町さんは〝シュワシュワ切り〟と呼ばれる向こうが透けて見えるくらいの薄～い切り方を独自に確立した生ハムの伝道師。

私たち
ハナコさんの
大ファンです！

そのほか「ピーナッツ海苔」は初台「マチルダ」から直に教わり、純米燗酒は千駄木「リカーズのだや」、ワインは富ヶ谷「アヒルストア」などで……と、松本さんの口からは、通っている人気店の名前が次々と。

いいなあ、このあふれ出るリスペクト感。好きだから教えてほしい、みんなにも食べてほしい、飲んでほしい。それを何のてらいもなくやってのける素直さが、みんなをいい気分にさせるから、都心からは遠くても引き寄せられちゃうんだなー。

Data

住　所　足立区関原3-28-11
TEL　03-3886-2270
営　業　平日18:00～22:00、土曜14:00～22:00
日曜・祝日16:00～21:00
（ただし、土日祝は食材なくなり次第早じまいあり）
定休日　日曜・日祝連休の場合の祝日

ふわふわの
生ハムも
なんて美しい

「切りたて生ハム全部盛り合わせ」。生ハムには純米の燗酒が合うそう

まるで漫画
みたいに完璧な
目玉焼き

かつてはオンメニューしていたが、今は封印されている「肉屋のハムエッグ」

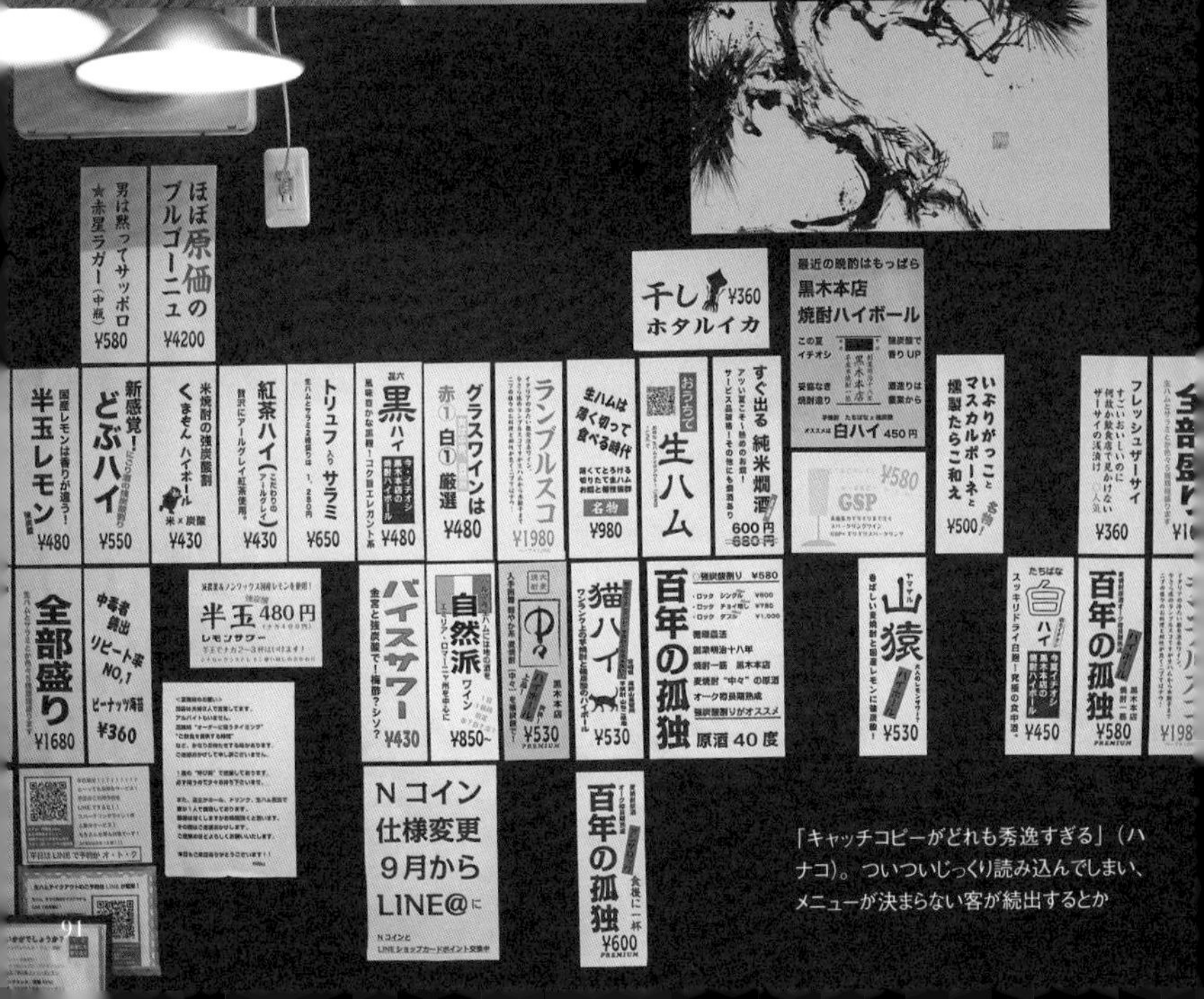

「キャッチコピーがどれも秀逸すぎる」（ハナコ）。ついついじっくり読み込んでしまい、メニューが決まらない客が続出するとか

阿部勘
西都の雫
飛露喜
日高見

熟成23日。
イワシはうちの
スペシャリテです！

12 ハナコがお返しに教えたい店

わざわざ足を延ばしてでも
行ってほしい店だから

肩ひじ張らず熟成鮨と美酒が楽しめる

鮨 まるふく

白木のカウンターが清々しい。凛とした佇まいながら、リラックスできるのは大将と女将さんのお人柄。日本酒は常時25種類ほどラインアップ。「最初は大体グラスのシャンパーニュで、あとは女将さんにお任せです」（ハナコ）

Data

住　所　杉並区西荻南3-17-4
ＴＥＬ　03-3334-6029
営　業　18:00～21:30
定休日　日曜

ハナコさんのように
どうぞおひとりで
気軽にいらしてください
大将の伊佐山豊さんは、実家が東長崎の寿司店。都内の寿司店で25年修業を積み、2011年に実家の屋号を継ぎ、西荻窪で独立した

西荻窪で10年。地元の人はもちろん、全国から鮨通が訪れる熟成鮨の名店なんだけど、お店の雰囲気は温かいし、大将の伊佐山豊さんも気さくで全然怖くない（笑）。そろそろお鮨が食べたいな〜と思ったとき、Instagramのストーリーズに「お席1つ空きました！」というメッセージが流れてくると、すかさず予約。私が「鮨 まるふく」に行くときは、大体いつもそんなふう。

最近の東京のお鮨屋さんといえば、半年先まで予約が取れないとか、食べて飲んで一人5万〜6万円という話をよく聞くけれど、それってどうなのか。私としては、季節に一度は通って魚の旬の移り変わりと大将の丁寧な仕事を楽しみたい。食べたいと思ったときにふらっと行けて、食べて飲んで2万円くらいがちょうどいい。なので、この店の握りとつまみ全20品1万6500円のおまかせコースは相当満足度が高い。しかも、握りとつまみが交互に出てくるので、どこでお酒を止めたらいいのか悩ましい。利き酒師である女将のまどかさんのお酒セレクトが素晴らしいので、結局は最後までお酒で通しちゃうんだけどねっ。

本日のコース握り11品、つまみ9品
全20品！　すべて見せます

13 マグロのつみれ

14 アン肝

15 中トロヅケの炙り

16 甘エビ

17 茶碗蒸し

18 中トロ

19 ウニ

20 アナゴ

冷やし中華も
あったりして
町中華な雰囲気も
冷麺
¥850

亞細亞
廣東料理
亞細亞

教えてくれた人
13 40代女性／翻訳家、アーティスト

五反田駅前にたたずむ創業70年以上の老舗中国料理

亞細亞

Data

住　所　品川区東五反田1-13-9
ＴＥＬ　03-3441-7824
営　業　11:30～14:00 17:30～22:30(21:30LO)
定休日　木曜

五反田駅東口から徒歩2分。3階建ての細長い店舗は両隣とくっついていて、昔は長屋だったことがわかる。「風情あるな～」（ハナコ）

つやつやぷりぷりの自家製シューマイ。テイクアウトせずにはいられない

見た目も美しく、丁寧な仕事が光る「焼きビーフン」。「野菜もシャキシャキ!」（ハナコ）

「ここはもともと喫茶店で、戦時中に中国・広東から日本に移住してきた祖父が、店名ごと譲り受けて店を開いたんです。基本は広東料理で、メニューも味付けも当時のままです」

　と言う劉裕光さんは、五反田駅前で70年以上も続く老舗中国料理店「亜細亜」の3代目。

　年季の入ったメニューを開くと、その種類の豊富さに驚くが、シューマイ、酢豚、蒸し鶏、ナスの辛味炒め……とスタンダードな料理が並んでいる。オススメの焼きビーフンをオーダーすると、目の前に現れたのは、メニューの写真そのままの姿。今の時代、昔のままの見た目を残すって、逆にすごく大変なことなんじゃないかと思う。

　豚肉のこま切れを使えばラクなのに、肩ロースのチャーシューを細く切り、イカを削ぎ切りにして、さらに飾り切りに。ものすごく丁寧な仕事をしているまっとうな中華だなあ。すべての料理が端正で、誠実さがにじみ出ている。ラクなほうにも時代にも流されず、先代の料理を変えないための手間を一切惜しまない。それは何というか、志とも違う強さみたいなものに、ちょっと感動。

お母さんの
キャラクターが
最高の酒のつまみ！

荻窪の南口仲通り商店街を歩いていると、ドアと窓にびっしり貼られた写真メニューの外観に思わず足が止まる。店内に入ると、これまた壁一面にメニューと写真がズラリ。「テンションが一気に上がる」（ハナコ）

13 ハナコがお返しに教えたい店

家族経営のアットホームな
アジア料理の店だから

料理写真が手招きしてくる
正真正銘、本場台湾の味

瑞鳳

Data

住　所　杉並区荻窪5-7-10
ＴＥＬ　03-3393-3699
営　業　11:00～翌1:00
定休日　無休

中央線沿線で生まれ育ったせいか、中央線に乗ると心が躍るし、沿線に好きな店も多い。なかでも4年ほど住んでいた荻窪は、地に足のついた店が多いところがいい。荻窪を離れてからも、ちょこちょこやってきては馴染みの店に顔を出す。南口仲通り商店街にある台湾料理店「瑞鳳」もそのひとつ。

荻窪に住み始めたころ、たまたま店の前を通りがかったら、料理の写真をベタベタ貼ってる外観があまりにも気になりすぎて、どうにも素通りできない。いざ入ってみると、カウンターだけの小さな店内の壁一面に料理の写真が隙間なくびっしり。ずらりと並んだ酒のつまみが一斉に私を手招きしているようで、一気にテンションが上がったっけ。

どのメニューもおいしそうだけど、台湾料理の店では決まって頼むシジミの正油漬けと茶玉子を頼んだら、それがもう素晴らしいのなんの、正真正銘本場の味。

そもそも台湾は、父が単身赴任をしていたこともあって、子供のころからよく遊びに行った慣れ親しんだ場所。安くておいしいものの天国だし、茹で卵文化がすごいところも卵好きの私にはたまらないポイント。そうそう、この店の牡蠣オムレツも甘辛味のタレが独特で、絶品なんだよね。

台湾人のお母さんのキャラクターも最高で、あまりに話が面白すぎて、それをつまみにメニューを眺めているだけでも十分飲める。

あるとき、「うちの名物はおこわなのよ」とお母さんに言われてテイクアウトして帰ったら、香ばしくてコクがあるのにさっぱりとして軽い。聞けば、お母さんが生まれ育った台湾の龍山寺界隈で、1926年からリヤカーでおこわを売っていた〝おこわばあちゃん〟から受け継いだ味なんだとか。

そもそも私が勝手に〝お母さん〟と呼んでいる徐瑞鳳さんが、1984年に店を開いたのは荻窪の北口だったそう。南口仲通店はその5年後、1989年に妹の徐瑞真さんが夫とオープン。一時期、荻窪には2店の瑞鳳があった。それが4年前、建物の老朽化で北口の店を閉じることになり、お母さんが昼間だけ南口仲通店を間借りしているのだとか。

「シジミの正油漬けと大根餅は妹、おこわと腸詰めは私が作って交換してるの」

姉妹仲よく助け合う。家族経営ならではのアットホームなところがいいんだな。

壁一面の写真メニュー。「秩序があるのかないのか。まったくデザイン性を狙ってないところが、かえってそそられる!」（ハナコ）

シメの「芝麻醤麺」は具が香菜だけ。シンプルさに痺れる

教えてくれた人
14 40代女性／デザイン事務所勤務

近所にあったら通いたくなるワインと タパスの店

関山米穀店

Data
住　所　千代田区神田小川町3-9
T E L　03-5244-5446
営　業　17:00 ～24:00(土曜～23:00)
定休日　日曜

店名の由来は、店主である関山真平さんの実家が祖父の代からお米屋さんを営んでいたから。今ではなくなってしまった屋号を孫が継いだなんていい話

名物の黒トリュフのオムレツはつまみというより飲み物！

ワインは自然派

平日は料理もサービスも１人でこなす関山さん。「一杯だけでもお気軽にどうぞ」

サン・セバスチャンを思い出す

神保町で20年働いていた私にとって、この街は飲みに行く場所……というイメージはまったくなかったけれど、「このお店ができてから、友達が神保町に飲みに来てくれる機会がグッと増えた」と界隈で働く人がうれしそうに教えてくれたのが「関山米穀店」。お米屋さんで飲み？と思いきや、実はワインの居酒屋。

メニューボードには几帳面な文字で25種類ほどの料理がずらりと並んでいて、「ウズラの卵のピクルス」といった小さなつまみから、「骨付き鴨のコンフィ」といったがっつり系のメインまで。さらにはシメのご飯ものとして、なぜだか台湾の「ルーローハン」やデザートの「バスク風チーズケーキ」もあり、硬軟織り交ぜ縦横無尽。個人オーナーの店ならではの、好きなもの、食べたいものを出す感覚が、すごく自由で気持ちがいい。

今日はワイン1杯とつまみ1品でサクっと帰ろうかとか、いやいや前菜1品にメイン1品、シメにチーズ1ピースで1人コースといこうかなどと、妄想がふくらむ、ふくらむ。この店がある神保町で働く人を、心底うらやましく思ったよ。

このカウンターの
木の手触りが
サイコー！

ハナコがお返しに
14 教えたい店

カウンターだけの店って
いいよね、と言い合いたいから

イタリアのナチュラルワインの魅力に開眼

Fegato Forte
フェーガト・フォルテ

Data

住　所　世田谷区北沢3-20-2　大成ビルB1F
TEL　03-6796-3240
営　業　水曜〜木曜・日曜・祝日　17:00〜24:00(23:00LO)
金曜・土曜　17:00〜翌1:00(24:00LO)
定休日　月曜・火曜

ダヴィデ・スピレリのビアンコ・ルーゴリ2015年、ダリオ・プリンチッチのトレベツ2011年など、ナチュラルワイン好き垂涎のワインが常時30種類ほどグラスで楽しめる。「壮大な叙事詩のような羽賀さんの解説にうっとりしちゃう」（ハナコ）

名物「越後もち豚のポルケッタ」には、イル・パラディソ・ディ・マンフレディのブルネッロ・ディ・モンタルチーノ2012年を合わせて

カウンターで羽賀さんをひとり占め！

正直、ワインは全然詳しくないけれど、ワインの説明をしてもらうのは好き。

下北沢にある「Fegato Forte」は、イタリアのナチュラルワイン、それもヴィンテージのワインをグラスで気軽に楽しめるワインバー。ナチュラルワイン好きが聞いたら、垂涎もののワインが常時30種類ほどそろっている。でも、それ以上に魅力的なのが店主の羽賀大輔さん。

イタリアワインの話を始めたら、立て板に水のごとし。イタリアの生産者を訪れたときの様子をまとめたアルバムを見せながら熱く語る。

「お客さまがそのときにおいしいと思えるワインを飲んでほしい。体調はもちろん、1軒目なのか2軒目なのかによってもおすすめするワインは変わってくるので、やはり会話は大事ですよね」

料理はすべて上階のバール「Cuore Forte（クオーレ・フォルテ）」から運ばれてくるので、羽賀さんはひたすらワインをサーブするだけ。それが普通のカウンターレストランとは明らかに違うところ。だからこそ羽賀さんを独占して、ワインの話をじっくり聞いていられる。そういう店って、意外にないかも。

店名の「MeWe」はモハメド・アリの世界一短いスピーチの言葉。「僕がいいなあと思う人に喜ばれる店でありたい」と店主の伊達啓一郎さん

教えてくれた人
15 40代女性／商社勤務

渋谷の街にたたずむ昭和が香る名曲酒場

MeWe
ミーウィー

Data
住　所　渋谷区桜丘町28-3　恒和渋谷ビル2F
TEL　03-3464-0061
営　業　19:00 ～翌2:00（フード翌1:00LO、ドリンク翌1:30LO）
定休日　日曜・第2月曜・祝日の月曜

店内にはDJブースもあり、リクエストも可能。「その日のお客さんに合わせて曲を変えています」と伊達さん。週末はさまざまな音楽イベントも開いている

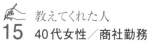

「牛すじ豆腐」にしても「夜のナポリタン」にしても、「これはもう完全に酒泥棒でしょー」（ハナコ）

ギターを弾きたい人はご自由に

店の存在自体は以前から知っていた。同じビルの3階にあるワインバーにずっと通っていたから。ざっくり言うと〝名曲居酒屋〟。店内に流れる音楽は、スカやソウル、ファンクから歌謡曲やアイドルまで、店主の伊達啓一郎さんいわく「トランス以外は何でもかける」とジャンルレス。

伊達さんは元バーテンダーで、焼酎や日本酒、薬膳酒からカクテルまで50種類以上の酒がそろうラインナップはさすが。名物は「銀河系いち美味い凍頂ウーロンハイ」で、茶葉で入れた台湾産凍頂烏龍茶で焼酎を割るというあり得ない贅沢さ。

お通しから酒飲みのツボをきっちり押さえた酒のさかなも秀逸で、冬の定番「おでん」で出た大量の大根の皮を千切りにして、高菜と紅生姜で炒めてお通しに。「牛すじ豆腐」は豆腐を別に茹でているから豆腐の角がピンと立っているのに味がまとまっているし、黒味を帯びた「夜のナポリタン」は、ベースのナポリソースを30分以上炒めて作っているから、とその極め方はまるで求道者。

ワインバーが閉店して、渋谷で行き場所を失っていたけど、この店があればもう安心だな。

美酒の設計
でんしゅ
田酒
飛露喜
而今
吾有事

こんな立派な
欅の一枚板テーブル
見たことない!

15 ハナコがお返しに
教えたい店

渋谷には稀な
大人が寛げる居酒屋だから

美酒との出合い以上に人との出会いがある

酒処十徳 渋谷店

本店は新宿で、渋谷店がオープンしたのは28年前。「本来あるべき飲食店の姿を残したいですよね。家に帰る前のワンクッション。ホッと肩の荷をおろせる場所でありたいと思います」と社長の佐藤喜美子さん

Data

住　所　渋谷区道玄坂2-9-4 1F
TEL　03-3770-7678
営　業　12:00～24:00
定休日　日曜

名物の
納豆餃子も
日本酒とぜひ！

日本酒好きの人と渋谷で飲むとなったとき、決まって訪れるのがこのお店。渋谷駅から徒歩3分と駅から近いのだけど、道玄坂から一本入った路地にあるので意外に穴場。全国各地の日本酒が60種類以上揃い、一合400円からという値付けに毎回驚く。壁に貼られた「今月のおすすめ」5本を攻めていくのがいつもの飲み方で、知らないお酒との出合いはもちろん、飲んだことがある銘柄でも、季節によって味わいが全然違うのがおもしろい。

そんなお酒との出会い以上に楽しいのが、人との出会い。2人で行くと、テーブル席に通され、決まって相席に。自然に「何飲んでるんですか?」から話が始まって、しまいには名刺交換して仲良くなって、いまだに一緒に飲みに行く人もいるくらい。私ったら、店名の由来である「酒の十徳」を地でいっている。第九の徳が「縁を結ぶ」。お酒はほどよく飲めば十の徳があり、百薬の長。この店に来る人たちは、お酒の力を借りて威張ったり、ストレスを発散したりという飲み方をする人はまずいない。お酒を楽しむ心を持った人たちばかりだなーと、来るたびに思う。

白髪ネギで
ワンタンが
見えないっ！

夜限定メニューの「ねぎワンタン」。ワンタンの上に「ねぎそば」の白髪ネギをどっさりと。「薬味好きにはたまらない」（ハナコ）

教えてくれた人
16 40代女性／アパレル会社勤務

端正な見た目とパンチのある味のギャップに萌える

中華風家庭料理
とも

Data

住　所　渋谷区神宮前3-41-2 岡本ビルB1F
T E L　03-3405-4325
営　業　11:00～15:30、17:30～23:30
定休日　日曜・祝日

店主の林寅泰さんと妻の庭さん。21年1月に場所も店名も新たに再出発。以前のメニューに加え、「羊肉麺」など林さんの故郷・洛陽の郷土料理も人気に

一年中食べられる冷たい麺。茹でた麺の上に白髪ネギをのせて醤油ダレをかけ、焼き豚の細切りをのせた「ねぎそば」

近所のアパレル会社の人たちから〝社食〟と呼ばれるほど愛されていた「中華風家庭料理 山之内 神宮前店」。老朽化したビルの解体に伴い閉店してしまったのかと思いきや、以前の場所から徒歩2分の場所で「中華風家庭料理 とも」となって再出発していた。ランチタイムは相変わらず、妙におしゃれな男子や女子でにぎわっている。

「中華風家庭料理」というフレーズもそのままで、何だか聞き覚えがあるなーと思ったら、骨董通り沿いの小原流会館地下にある名店「ふーみん」と同じ。聞けば、「山之内　神宮前店」は、「ふーみん」が最初に店を開いた場所で、ハコと味をそのまま引き継いだ店だったのだとか。

なるほど、それで合点がいった。メニューの「ねぎそば」も「ねぎワンタン」も「納豆チャーハン」も、全部「ふーみん」の名物料理。でも、こっちのほうが味にパンチがあって、まさに酒飲みが好きな町中華という感じがいい。二日酔いのときは、必ずこの店の「ねぎそば」が食べたくなるという人の気持ちがよくわかる。見た目の端正さとは裏腹な、ガテン系な味とのギャップに萌える。

アルザス風ピザは
玉ねぎとベーコンだけの
"トラディショネル"に限る

16 ハナコがお返しに教えたい店

定番がずっとメニューにあり続ける店だから

下町のブラッスリーで味わうアルザス地方の郷土料理

Gentil
ジョンティ

Data

住　所　台東区浅草橋2-5-3
ＴＥＬ　03-5829-9971
営　業　11:30～14:30、18:00～21:30
定休日　水曜

09年5月のオープン当初から、メニューはほとんど変わっていないとか。黒板メニューには、タルトフランベ（アルザス風ピザ）、シュークルート、ベッコフ、うなぎのマトロット（クリーム煮込み）など、アルザスならではの郷土料理がずらりと並ぶ

お店の看板料理
シュークルートは
テイクアウトでも！

Cuisine alsacienne
Les spécialités
タルトフランベ（アルザス風ピザ）
Tartes flambées
トラディショネル（自家製ベーコンと玉ネギ）
Traditionnelle ￥1200／￥800
マンステールチーズ ￥1800／￥1400
Munster
グラティネ（チーズたっぷり）￥1400／￥1000
Gratinée
キノコ ￥1200／￥800
Champignon
ニンニク ￥1400／￥1000
Ail
シュークルート
（お肉又はお魚）
Choucroute ￥2000／￥1200
(viande ou poisson)
キャベツ100g
追加 ￥500
Autres plats
エスカルゴジョンティスタイル
（クリーム仕立て）￥1700
Escargots à la Gentil
アルザス風エスカルゴ
（パセリとニンニクバター）￥1,600
Escargots alsaciens
自家製ソーセージ ￥1,000
Saucisse fait maison
スペッツェル ￥1,000
（アルザス風パスタ）
Spätzle
ベッコフ ￥2200
（お肉の白ワインマリネ蒸し）
Baeckoffe
マンステールチーズ ￥1,000
Assiette de munster
オニオンタルト ￥900
Tarte à l'oignon
アルザス風サラダ ￥900
（牛ハツのスライスのせ）
Salade alsacienne
フレッシュナッカ
（お肉とパスタのうずまき）￥1,600
Fleischschnacka
ビブレスカス ￥1,300
（フレッシュクリームチーズのじゃが芋添え）
Bibeleskaes
若鶏のアルザスワイン煮 ￥1,800
Poulet au vin d'Alsace
ウナギのマトロット
（クリーム煮込み）
Matelote d'anguille
Bon appétit
祝10周年
山田邦登

お酒好きの人には
なみなみ
注いじゃいます

オーナーソムリエの富田裕之さん。レシピもすべて富田さんによるもので、コロナ禍以前は毎年アルザスに行き、「1品でも2品でも自分のものにして帰ってこられたら」とレストランの厨房に1週間ほど入っていたそう。

アルザスはフランス北東部にあるドイツとスイスに国境を接する地方。ドイツ料理の影響を受けているせいか、食文化がかなり独特な気がする。

代表的な料理といえば、お店の看板メニュー「シュークルート」。スパイスをたっぷり入れて発酵させたキャベツとソーセージ、ベーコン、豚スネ肉を一緒に煮込んだもので、毎回必ず頼むもののひとつ。そして帰りに、この自家製発酵キャベツをテイクアウトするのもお約束。

前菜の「鶏レバーペースト　パンデピス添え」、「根セロリのサラダ」「発酵キュウリ」は外せないし、アルザス風ピザの「タルトフランベ」もマストで、最初の一杯はアルザスのロゼ泡から。

黒板2枚にぎっしりメニューが書かれているというのに、実は毎回同じものしか頼んでいない。いつだったか、黒板に見たことのない料理を発見した気がして、張り切って「新メニューですね」とオーナーソムリエの富田裕之さんに言ったら、「前からありますよ。ハナコさん、いつもメニューなんて見てないでしょ」と呆れられたことも。

でも、何度来ても絶対コレだけは譲れないという

メニューがいくつもあるんだからしょうがない。恐らくこの店の料理には、ほとんど麻薬的と言ってもいいくらい、人をとりこにする魔力があるのだ。

それはワインも同じで、アルザスの白ワインの、華やかな香りとフルーティで爽やかな味わいがたまらなく好き。店にストックしているワインはアルザスのものだけで、なんと700本以上。それを、アルザス愛あふれる富田さんの解説つきで飲み比べができるなんて最高でしょ。

「フランスのいろんな地方を回りましたが、料理もワインも人も、アルザスだけがまったく違っていて、フランスのイメージが一変しました。何より人の優しさにやられましたね」

そういう富田さんは、自分で「店主は最悪ですよ」というくらい、こっちがハラハラするほど初めてのお客さんに対して愛想がない。でもそれが、3回、4回と通ううちに、サーブするワインやコーヒーの量が少しずつ増えていったりして、いわゆるツンデレ？　ぜひ「どのくらいツンなのかしら」と楽しみに行ってみてほしい。

名物は「ガイヤーン」！
これは必食です

教えてくれた人
17 40代女性／日本酒店店主

タイ東北部・イサーン地方の郷土料理店

モーラム酒店

TOILET

Thai Isan Foods

Data

住　所　渋谷区円山町16-8
ＴＥＬ　03-6712-7747
営　業　11:30～14:00、17:30～23:00(LO)
定休日　日曜

タイ東北
ーラム酒店
電話0三ー六七一二ー七七四七

神泉駅の北口の目の前。摩訶不思議な壁画に吸い寄せられて扉を開けると、そこはまさにタイだった！

壁には国王と王妃の肖像画やタイ映画のポスターが飾られ、店内に流れているのはタイ東北部イサーン地方の音楽〝モーラム〟。料理も当然、イサーン地方の郷土料理だ。

「そもそも日本人がタイ料理で思い浮かべるソムタム（青いパパイヤのサラダ）やガイヤーン（鶏の炭火焼き）、ラープ（挽肉をハーブや調味料で味付けしたもの）は、どれもイサーン地方の家庭料理で、いわばタイ料理の原点。少量のおかずでご飯がいくらでも食べられる、辛くてしょっぱいのが特徴です」

と店主の丸山勝己さん。コンセプトは〝タイの田舎のオトコメシ〟で、作るのはイサーン地方出身の伊達男三人衆。〝タイの田舎の味と辛さをそのまま容赦なく無慈悲に再現しています〟というコピーに思わずひるむ。

タイは、トランジットも含めて10回以上は行っている大好きな国。でも、辛いものが苦手です。最初に覚えたタイ語は「マイペ」。「マイ」は否定で「ペ」は辛い。「辛くしないでください」を一番短く伝える言葉。

「うちの店は、かなり攻撃的でエッジの効いた味付けになっています。辛さレベルは1から5まで調整可能なので、遠慮なくおっしゃってくださいね」

そんな丸山さんの温かい言葉にホッとしつつも、どうかすべて〝子供レベル〟でお願いします、とやや腰が引けぎみ……のはずだったのが、写真入りメニューを渡されるやいなや、わー、何ですか、ここ！　やけに卵料理が多くないですか？　とテンションが跳ね上がる。オムレツはもちろん、隙あらば目玉焼きや茹で卵が料理にトッピングされていて、私にはもはやタイの卵料理専門店にしか見えない！　これはもう卵料理全品オーダーでお願いしますっ。

いざ運ばれてきた料理は、すべてが小皿のつまみサイズで、大勢であれこれ食べても、一人でちょい飲みにもちょうどいい。どの料理もすごくシンプルなのに、タマリンドソースの甘酸っぱさや、オリジナルブレンドのプラーラー（魚の塩漬けを発酵させたソース）がキリッと効いていて味わい深い。そのうえ、卵の調理法がすべて違う！　茹でたり、塩漬けにしたり、揚げたり、ふわふわに焼いたり、周りをカリカリに仕上げたり。かなり卵愛の強い人たちなのではないかと、妙にシンパシーを感じるのは、単に私が卵好きだから？

豚挽肉のタイ風オムレツ

私には、もはや
卵料理専門店にしか
見えないっ！

しお卵のハーブサラダ

ガパオ炒めライス目玉焼きのせ

タイ風目玉焼きサラダ

揚げ卵

絶品！豚スネの煮もの

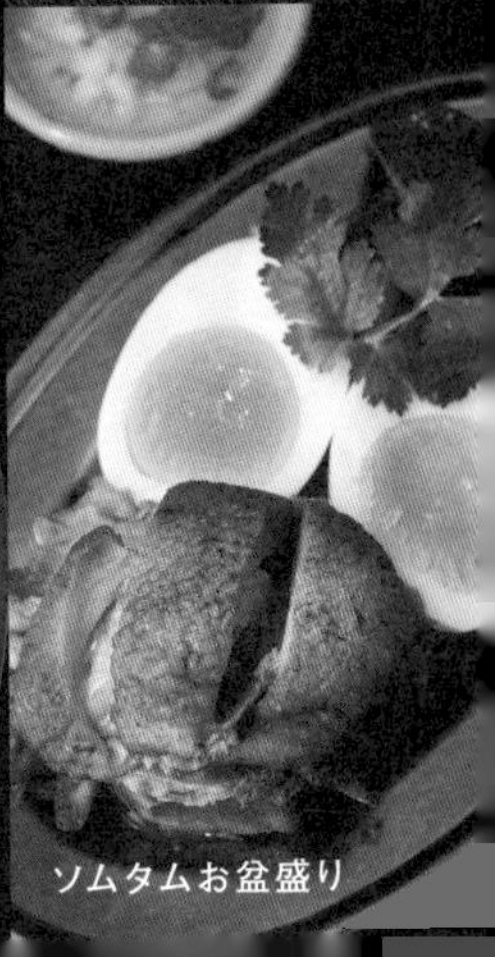

ソムタムお盆盛り

17 ハナコがお返しに教えたい店

あえて日本酒店店主に焼酎を飲んでほしいから

古き良き昭和が残る思い出の薩摩料理の店

さつま おてちきや

Data

住　所　渋谷区渋谷2-8-4 東和青山ビル B-02
TEL　03-3400-7071
営　業　17:00～23:00
定休日　日曜・祝日・第２月曜

右ページ写真、店主の川崎五月さん（中央）、焼き鳥担当の西園さん（右）、店主の右腕の福留さん（左）。全員鹿児島出身で「みんな焼酎しか飲みません」と福留さん

私が飲むお酒といえば、日本酒やハイボール、ワインのイメージがあるかもしれないが、実はもともと焼酎が好き。普段家で飲むのは愛する「さつま白波」のお湯割りが多いし、薩摩焼酎と酒の肴が楽しめる居酒屋「おてちきや」も大好きな店だ。

店名は、薩摩の言葉で「心ゆくまで」とか「満足するまで」を意味する「おてちき」から。すごく温かくていい言葉だなー。でも実はこの店、かつては渋谷のガード下にあった大衆酒場で、「さつまや」という名前だった。先代が1970年から営業していたという老舗だけに、外観も渋いし、店内も渋いし、メニューも渋いし、酒も渋い。とにかく昭和感満載の激渋店だった。「お客さんといえば、みんなおじさん。30秒で電車に乗れるくらい渋谷駅に近かったので、閉店間際は3軒目、4軒目でベロベロの酔っぱらいばっかり。女性客が来ようものなら、みんな色めき立っていましたよ」

と店主の川崎五月さん。そんな店だったから、「ここで合コンして結婚した人がいる」というのは、お店の人と常連客の間で語り草になるくらい有名な話。そう、何を隠そう、その張本人こそが私です。

確かに、一般的には合コンに不向きなお店だったかもしれない。でも、鹿児島出身のお店の人たちはみんな感じがいいし、料理もお酒も全部おいしくて、居心地がよくて激シブな雰囲気も抜群。お酒好きの私には完璧なまでにツボだった。渋谷駅の近くにこんないい店があることを知らなかったなんて不覚過ぎて、「幹事、誰ですか?」と聞いたら元夫。この店を選んだのは「自分が好きな店で友達と飲みたかった」という勝手な理由だったけど、第一印象は今にして思えば決して悪くなかったかも。アタックしてきたのは、向こうのほうだったけど、これがもしダイニングバーとかだったら、絶対に結婚していなかった。どういうお店を好きかって、その人自身がものすごく出ると思うから。

そんな思い出深い「さつまや」は、山手線の線路の耐震工事もあって2015年9月に閉店。12月に宮益坂を上がった青山通り裏に移転した。場所柄、焼き鳥などのメニューが加わって、若いお客さんがずいぶん増えたものの、薩摩藩の家紋⊕マークがついた「とんこつ」「きびなご」「かつをのハラミ」といった渋い酒の肴は健在。カウンターや椅子は当時のままで、昭和の渋谷がそこにはある。夫は8年前に亡くなってしまったけど、この店は私にとって大切な宝物のひとつ。

「きびなご」はねぎとみょうがを巻いて辛子酢味噌で。「かつをのハラミ」は塩気が強いので酢で洗って。名物「とんこつ」は、味噌と黒糖、焼酎で煮込んだ豚の角煮

この店のつまみで
ひたすら焼酎を
飲み続けていたい

おわりに

あふれるグルメ情報を見ていると、
毎日のようにニューオープンのお店情報が入ってきます。
「いま注目のシェフが……」「ＳＮＳで映える盛り付けが……」。
飲食店の流行の移り変わりは目まぐるしく、
早く行かねば追いつけないと焦る人もいるでしょう。

今回、食いしん坊仲間の友人たちに聞いたのは、
「ナウでもホットでもないけれど、
あなたがずーっと通い続けている大好きな店」でした。
なぜかはわからないけれど、つい足が向いてしまう。
メニューも店構えも代わり映えしないし、
似たようなものばかり頼んじゃうけれど、

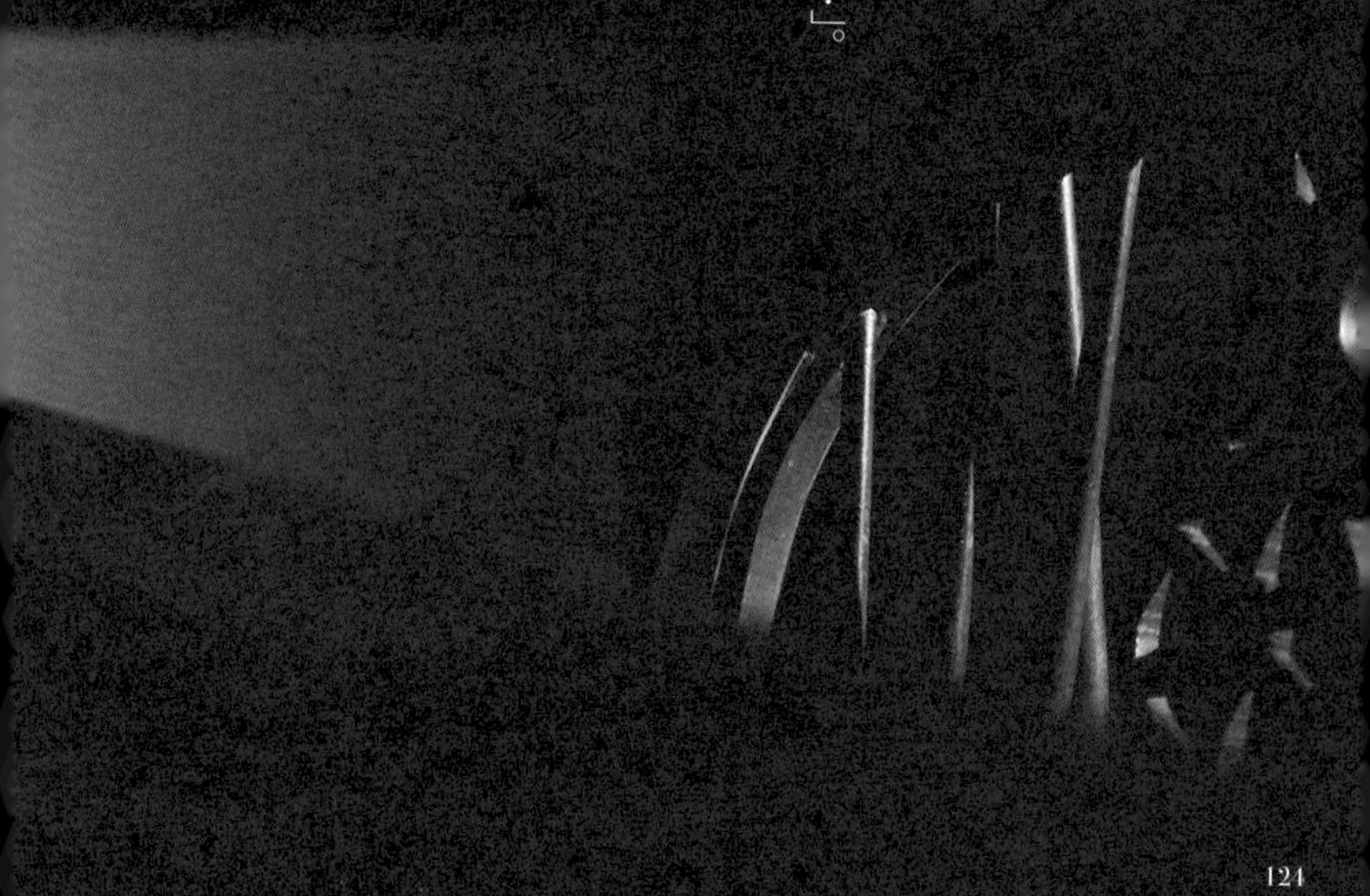

それでもいつも満足なんだよね。そんな店。

きっと、それはその人だけの宝物。
教えてもらったからには、私の宝物もお返ししたい。
そんな気持ちで、友人たちをご案内しました。

さあ、あなたの宝物はどんなお店ですか？
いつか教えてもらえたら、ぜひ私の閻魔帳にも記させてください。

2021年8月　ツレヅレハナコ

Wine
LIST
TOP TAPAS
BARCELONA
trousseau
2017

BAR
ANIMO

ツレヅレハナコの旨いもの閻魔帳

発行日　2021年8月19日　初版第1刷発行

著　　者　ツレヅレハナコ
撮　　影　キッチンミノル
デザイン　ダブリューデザイン
表紙イラスト　得地直美
編　　集　和田紀子
長谷川大祐（扶桑社）
発 行 者　久保田榮一
発 行 所　株式会社 扶桑社
〒105-8070
東京都港区芝浦 1-1-1　浜松町ビルディング
電話 03-6368-8875（編集）
03-6368-8891（郵便室）
https://www.fusosha.co.jp
印刷・製本　大日本印刷株式会社

本書は『Tokyo Walker』及び『日刊 SPA!』で連載された「ツレヅレハナコの旨いもの閻魔帳」に加筆、修正を加え、まとめたものです。

定価はカバーに表示してあります。
造本には十分注意しておりますが、落丁・乱丁（本のページの抜け落ちや順序の間違い）の場合は、小社郵便室宛にお送りください。送料は小社負担でお取り替えいたします（古書店で購入したものについては、お取り替えできません）。
なお、本書のコピー、スキャン、デジタル化などの無断複製は著作権法上の例外を除き禁じられています。本書を代行業者等の第三者に依頼してスキャンやデジタル化することは、たとえ個人や家庭内での利用でも著作権法違反です。

© Turedurehanako 2021 Printed in Japan
ISBN 978-4-594-08843-9